基于物联网技术的
现代物流管理研究

翟　玲　乐冰滢　马亚丽　著

哈尔滨出版社
HARBIN PUBLISHING HOUSE

图书在版编目（CIP）数据

基于物联网技术的现代物流管理研究／翟玲，乐冰
滢，马亚丽著. -- 哈尔滨：哈尔滨出版社，2025. 1.
ISBN 978-7-5484-8135-5

Ⅰ. F252. 1-39

中国国家版本馆 CIP 数据核字第 2024PE6477 号

书　　名：**基于物联网技术的现代物流管理研究**
　　　　　　JIYU WULIANWANG JISHU DE XIANDAI WULIU GUANLI YANJIU

作　　者：翟　玲　乐冰滢　马亚丽　著
责任编辑：李金秋

出版发行：哈尔滨出版社（Harbin Publishing House）
社　　址：哈尔滨市香坊区泰山路 82-9 号　邮编：150090
经　　销：全国新华书店
印　　刷：北京虎彩文化传播有限公司
网　　址：www. hrbcbs. com
E - mail：hrbcbs@ yeah. net
编辑版权热线：（0451）87900271　87900272
销售热线：（0451）87900202　87900203

开　　本：880mm×1230mm　1/32　印张：4.75　字数：119 千字
版　　次：2025 年 1 月第 1 版
印　　次：2025 年 1 月第 1 次印刷
书　　号：ISBN 978-7-5484-8135-5
定　　价：48.00 元

凡购本社图书发现印装错误，请与本社印制部联系调换。
服务热线：（0451）87900279

前　　言

物联网技术作为连接物理世界与数字世界的桥梁,为现代物流管理注入了新的活力与智慧。旨在深入探讨物联网技术如何重塑物流行业的生态,并引领物流管理迈向更加智能、高效与可持续的未来。物联网技术通过智能感知、数据传输与处理,实现了对物流全过程的实时监控与智能优化。从仓库的智能化管理到运输路径的精准规划,从供应链的透明化到客户需求的实时响应,物联网技术正在逐步打破传统物流管理的边界与局限,推动物流行业向着更加协同、柔性与个性化的方向发展。

本书共七个章节,基于物联网的物流信息平台关键技术,深入研究物联网技术在物流管理中的应用,不仅关注技术层面的创新,更重视管理模式与思维方式的转变。物联网技术的应用要求物流企业建立更加开放、协同与创新的组织体系,培养具备数字化思维与跨界融合能力的新型人才。同时,本书也探讨了物联网技术在物流管理中所面临的挑战与问题,如数据安全、隐私保护、技术标准与法律法规等,并提出了相应的对策与建议。本书的研究不仅具有理论价值,更具有实践指导意义。物联网技术在物流管理中的广泛应用与显著成效,为物流企业提供了宝贵的经验与启示。同时,本书也展望了物联网技术在物流管理中的未来发展趋势与前景,为行业内的研究者、决策者与实践者提供了重要的参考与借鉴。

目　　录

第一章　现代物流概述

第一节　现代物流模式与发展

一、智能物流模式的崛起

（一）智能物流的数据驱动与决策优化

1. 智能物流的感知能力

智能物流系统的运行基础是实时数据采集。借助物联网技术，智能物流系统能够实时感知货物的位置、状态以及环境变化。同时，通过 GPS 定位技术，可以实时追踪货物的运输轨迹，为后续的路径优化和配送计划提供数据支持。实时数据采集不仅提高了智能物流系统的感知能力，也为其决策优化提供了数据基础。通过对采集到的数据进行清洗、整合和分析，智能物流系统能够更加准确地掌握货物的实际情况和市场需求，为后续的决策提供依据。

2. 智能物流的决策优化

在实时数据采集的基础上，智能物流系统运用先进的算法和模型对数据进行深入分析和挖掘。这些分析不仅涵盖了传统的运输、仓储等物流环节，还扩展到了市场需求、消费者行为以及供应链状态等多个维度。在运输环节，智能物流系统可以根据实时交通信息、货物特性和客户需求等数据,运用路径优化算法和配送计划模型,计算出最佳的运输路径和配送时间。这不仅可以减少空驶和等待时间,提高运输效率,还可以降低运输成本,提升企业的竞争力。在仓储环节,智能物流系统通过数据分析可以实现库存的精准控制。通过对历史销售数据、市场需求预测以及供应链状态等信息的综合分析,系统能够准确预测未来的库存需求,并制订出合理的库存计划。此外,智能物流系统还能够利用大数据和人工智能技术对市场需求进行预测和分析。通过挖掘消费者的购买历史、偏好以及社交媒体上的评论等信息,系统可以更加精准地把握市场需求的变化趋势,并为客户提供个性化的物流解决方案。这种数据驱动的服务模式不仅可以提高客户满意度和忠诚度,还可以为企业带来更多的商业机会和增值空间。

3. 数据驱动的商业模式创新

智能物流模式的数据驱动特性不仅为物流企业带来了内部的运营优化,还为其商业模式创新提供了新的机遇。在数据驱动的商业模式下,物流企业可以更加深入地了解客户需求和市场变化,并据此开发出更加符合市场需求的产品和服务。例如,通过对消费者购买历史和偏好的分析,物流企业可以开发出定制化的物流服务产品,满足消费者对于个性化、便捷化和高效化的需求。同时,通过对供应链数据的挖掘和分析,物流企业还可以为供应链上下游企业提供更加精准的供应链协同服务,提高整个供应链的效率和竞争力。此外,智能物流模式的数据驱动特性还为物流企业带来了与其他行业的跨界合作机会。例如,通过与电商平台、金融机构等行业的合作,物流企业可以共同开发出更加丰富的物流金融产品和服务,为消费者和企业提供更加便捷和全面的服务体验。

（二）智能物流的自动化与智能化技术应用

1. 自动化技术在智能物流中的应用

自动化技术是智能物流得以实现的重要基石。通过引入自动化设备和机器人，智能物流系统实现了物流过程的无人化和少人化操作，极大地提升了物流效率和准确性，同时降低了人力成本和操作风险。以自动化立体仓库为例，这一技术的应用彻底改变了传统仓库的运作模式。通过高精度的控制系统和先进的机械设备，自动化立体仓库能够实现货物的自动存取和分拣，大大提高了仓储作业的效率和准确性。不仅如此，自动化立体仓库还能够充分利用仓库空间，减少库存积压和浪费，为企业节省了大量的仓储成本。此外，无人驾驶车辆和无人机等自动化运输工具的应用也为智能物流带来了革命性的变化。这些自动化运输工具能够根据预设的路线和计划，自主完成货物的运输和配送任务，无须人工干预。这不仅可以减少运输过程中的人力成本和安全风险，还可以提高运输效率和准确性，为客户提供更加优质、高效的物流服务。

2. 智能化技术在智能物流中的应用

智能化技术则是智能物流系统实现智能决策和优化的关键所在。通过引入人工智能、机器学习等先进技术，智能物流系统能够实现对物流过程的智能感知、智能分析和智能决策，从而更加灵活地应对市场变化和客户需求。智能调度系统是智能化技术在智能物流中的一个典型应用。该系统能够根据实时数据和先进的算法模型，自动调整运输计划和配送路线，确保货物能够按时、准确地送达客户手中。这不仅可以提高物流服务的响应速度和准确性，还可以降低运输成本和减少碳排放，为企业的可持续发展做出贡献。智能仓储系统也是智能化技术应用的一个重要领域。通过引入先进的传感器和数据分析技术,智能仓储系统能够实现对库存的实时监测和自动预测,从而更加精准地掌握库存需求和变化。这不仅可以避免库存积压和浪费,还可以提高库存周转率和降低仓储成本,为企业的库存管理带来极大的便利和效益。

3. 自动化与智能化技术的融合发展

自动化与智能化技术在智能物流中的应用并不是孤立的,而是相互融合、相互促进的。通过将自动化技术与智能化技术相结合,智能物流系统能够实现更加高效、精准的物流操作和管理。例如,在自动化立体仓库中引入智能化技术,可以实现对货物的智能识别和分类。通过应用图像识别、深度学习等技术,系统能够自动识别货物的种类、规格和数量等信息,从而更加精准地进行存取和分拣操作。这不仅可以提高仓储作业的效率和准确性,还可以减少人工干预和错误发生的可能性。在无人驾驶车辆和无人机等自动化运输工具中融入智能化技术,也可以实现更加智能、安全的运输过程。通过应用先进的传感器和控制系统,这些自动化运输工具能够实时感知周围环境的变化并做出相应的调整,从而确保运输过程的安全性和稳定性。同时,通过与智能调度系统的连接和协同工作,这些自动化运输工具还能够实现更加高效、灵活的运输计划和路线调整。

(三)智能物流的未来发展趋势与挑战

1. 智能物流模式的发展前景

随着 5G、物联网、人工智能等前沿技术的不断成熟和应用,智能物流系统的数据传输速度、处理能力和智能化水平将得到空前的提升。5G 技术的高速率、低时延特性将使得智能物流系统能够实时、高效地处理海量数据,为决策优化提供更为精准的数据支持。物联网技术的广泛应用将实现物流各环节的无缝连接,形成物流信息的全面共享和协同。而人工智能技术的深入发展,则将为智能物流系统带来更为强大的自主学习和决策能力,使得系统能够更加精准地预测市场需求,优化物流路径,提高物流效率。另一方面,电子商务、跨境电商等新型贸易模式的快速发展,也为智能物流带来了更加广阔的市场空间。这些新型贸易模式对物流服务的高效性、准确性和个性化需求提出了更高的要求。智能物流系统凭借其强大的数据处理能力和智能化决策水平,将能够为这些新型贸易模式提供更为高效、精准的物流解决方案,满足市场日益增长的多样化需求。

2. 智能物流发展面临的挑战

数据安全和隐私保护问题尤为突出。在智能物流系统中,大量敏感数据如客户信息、货物信息等需要得到严格的保护和处理。一旦数据泄露或被滥用,将可能给企业带来巨大的经济损失和声誉风险。因此,加强数据安全管理,建立完善的数据保护机制成为智能物流发展的当务之急。此外,技术标准和规范的不统一也是制约智能物流发展的重要因素。当前,不同企业和技术平台之间缺乏统一的技术标准和规范,导致数据难以实现互通和共享。这不仅影响了智能物流系统的协同效率,也增加了企业的运营成本。因此,建立统一的技术标准和规范,促进不同企业和技术平台之间的数据互通和共享,成为推动智能物流发展的关键所在。

3. 应对智能物流发展挑战的策略

在数据安全和隐私保护方面,企业应建立完善的数据安全管理体系,包括数据加密、访问控制、安全审计等措施,确保数据在传输、存储和处理过程中的安全性。同时,鼓励企业积极参与国际标准化工作,推动国内技术标准与国际接轨。此外,还应加强不同企业和技术平台之间的沟通与协作,共同推动数据互通和共享的实现。在人才培养方面,智能物流的发展需要大量具备跨学科知识和实践能力的人才支持。因此,高校和企业应加强合作,共同培养既懂物流又懂技术的复合型人才。同时,还应加大对在职人员的培训力度,提高他们的专业素养和创新能力,为智能物流的持续发展提供有力的人才保障。

二、绿色物流模式的推广与实践

(一)绿色物流理念的普及与认同

绿色物流模式的推广与实践,首先需要在全社会范围内普及绿色物流理念,引导人们认识到物流活动对环境的影响以及绿色物流的重要性。行业协会、企业等各方应共同努力,通过宣传教育、培训研讨等方式,提高公众对绿色物流的认知度和认同感。鼓励和支持企业开展绿色物流实践,如设立绿色物流示范项目、给予税收减免或资金补贴等。行业协会可以组织绿色物流相关的研讨会、培训班等活动,促进企业间的交流与合作。企业应积极履行社会责任,将绿色物流理念融入企业文化和日常运营中,推动绿色物流实践的深入开展。只有当绿色物流理念得到广泛普及和认同,才能为绿色物流模式的推广与实践奠定坚实的思想基础。

(二)绿色物流技术的创新与应用

绿色物流模式的推广与实践离不开绿色物流技术的创新与应

用。随着科技的不断进步,越来越多的绿色物流技术被研发出来并应用于实际物流活动中,如绿色包装、节能运输、智能仓储等。绿色包装技术可以减少包装材料的使用量和废弃物的产生量,降低包装环节对环境的影响。节能运输技术可以提高运输工具的能效和运输效率,减少能源消耗和排放污染。智能仓储技术可以实现仓库管理的自动化和智能化,提高仓储效率和资源利用率。企业应积极关注绿色物流技术的最新发展动态,加强与科研机构、高校等的合作与交流,引进和消化吸收先进技术成果,推动绿色物流技术的创新与应用。同时,企业还应加大对绿色物流技术研发的投入力度,提高自身的技术水平和创新能力。

(三)绿色物流管理的优化与提升

绿色物流模式的推广与实践还需要从管理层面进行优化和提升。企业应建立完善的绿色物流管理体系,制定绿色物流战略规划和实施方案,明确绿色物流目标和指标,落实绿色物流责任和考核机制。在绿色物流管理过程中,企业应注重对物流活动的全过程进行绿色化改造和优化。在采购环节,优先选择环保材料和产品;在运输环节,合理规划运输路线和运输方式,减少空驶和迂回运输;在仓储环节,实行精益化管理,减少库存积压和浪费;在配送环节,采用共同配送、夜间配送等绿色配送方式,降低配送成本和环境影响。此外,企业还应加强与供应链上下游企业的沟通与协作,共同构建绿色供应链体系。通过信息共享、资源整合等方式,实现供应链各环节的无缝衔接和高效协同,降低整体物流成本和环境负荷。

三、协同物流模式的创新与发展

(一)协同物流的内涵与价值

协同物流模式的核心在于供应链上下游企业之间的紧密合作与协同创新。这种合作模式打破了传统供应链中企业各自为政的局面,通过信息共享、资源整合等方式,实现供应链各环节的无缝衔接。协同物流不仅关注单个企业的物流效率,更强调整个供应链的协同优化,以提高整体竞争力和市场响应速度。

协同物流的价值主要体现在以下三个方面:一是提高供应链的透明度。通过信息共享平台,企业可以实时掌握供应链上的各种信息,包括市场需求、生产计划、库存状况、运输安排等,从而做出更加准确和及时的决策。二是降低交易成本和风险。协同物流模式下,企业之间建立了稳定的合作关系和信任机制,这有助于减少交易过程中的不确定性和风险,降低交易成本。三是提高供应链的灵活性和响应速度。协同物流能够快速响应市场变化和客户需求,通过灵活调整供应链策略,抓住市场机遇。

(二)协同物流实践中的挑战与应对

尽管协同物流模式具有诸多优势,但在实际运作中也面临着一些挑战。首先,企业之间的信任问题。建立稳定的合作关系和信任机制是协同物流的基础,但由于企业之间存在竞争关系、利益诉求不同等因素,信任机制的建立和维护往往难以一蹴而就。其次,信息共享的难题。实现信息共享需要统一的信息标准和平台,但不同企业之间的信息系统往往存在差异,导致信息共享难以实现。最后,协同决策的难度。协同物流需要供应链上下游企业共同参与决策过程,但由于各企业的目标、利益诉求和决策机制不同,协同决策往往面临较大难度。

(三)协同物流的未来发展趋势

随着市场竞争的日益激烈和客户需求的多样化,协同物流模式将不断创新和发展。未来,协同物流将呈现出以下发展趋势:一是合作关系更加紧密和灵活。供应链上下游企业之间将建立更加紧密的合作关系,共同应对市场变化和挑战。同时,合作关系也将更加灵活多样,以适应不同市场环境和业务需求。二是信息技术应用更加广泛深入。先进的信息技术和智能算法将在协同物流中发挥更加重要的作用,实现更加高效和精准的信息共享、决策支持和业务协同。三是绿色协同物流成为重要发展方向。在环保意识日益增强的背景下,绿色协同物流将成为未来发展的重要方向。通过整合绿色资源、优化运输方式等措施,降低物流活动对环境的影响,实现经济、社会与环境的和谐发展。

第二节 现代物流技术简介

一、现代物流技术的核心组成

(一)自动化技术

1. 在现代物流仓储环节的应用

自动化技术在现代物流仓储环节的应用已经日益普遍,它通过引入自动化立体仓库、自动化搬运机器人等设备和系统,彻底改变了传统仓储作业的面貌。这些自动化技术能够自动完成货物的存取、搬运和堆码等操作,极大地减少了人工干预,提高了仓储作业的准确性和效率。自动化立体仓库是现代物流仓储自动化的典型代表。它通过高层货架、堆垛机、输送系统等设备组成了一个高度自动化的仓储系统。在这个系统中,货物被密集地存储在高层货架上,通过堆垛机在货架间快速移动,实现货物的自动存取。与传统平面仓库相比,自动化立体仓库大大节省了占地面积,提高了仓储空间利用率,同时也大大加快了货物的存取速度。此外,自动化立体仓库还配备了先进的计算机管理系统,能够实时掌握货物的存储情况,为企业的库存管理和生产调度提供了有力支持。除了自动化立体仓库外,自动化搬运机器人也是仓储自动化中不可或缺的一部分。这些机器人能够在仓库内自由移动,根据指令自动搬运货物到指定位置。它们不仅可以替代人工完成繁重的搬运工作,而且还可以在恶劣的环境下进行作业,大大提高了仓储作业的适应性和灵活性。此外,自动化搬运机器人还可以通过学习算法不断优化自身的搬运路径和策略,进一步提高搬运效率。

2. 在现代物流分拣环节的应用

在现代物流中,分拣环节是确保货物准确、高效送达的关键环节。自动化技术的引入和应用,使得分拣作业实现了从传统人工分拣向自动化、智能化分拣的转型升级。自动化分拣系统通过集成识别技术、传感器技术和控制技术等先进技术,能够自动识别货物信息,并根据预设规则将货物自动分拣到不同的目的地。在自动化分拣系统中,识别技术发挥着至关重要的作用。通过引入条形码识别、RFID(无线射频识别)等技术,系统能够迅速准确地读取货物上的信息,为后续的分拣操作提供数据支持。同时,传感器技术的应用也使得系统能够实时监测货物的位置、状态等信息,确保分拣过程的准确无误。自动化分拣系统的核心在于其高效的分拣算法和控制系统。通过引入先进的算法和优化技术,系统能够根据货物的目的地、数量等因素,自动规划出最优的分拣路径和策略。控制系统则负责协调各个分拣设备的运行,确保整个分拣过程的顺畅进行。自动化分拣系统的应用为物流企业带来了显著的效益提升。首先,它大大提高了分拣效率,减少了人工分拣的烦琐和耗时。其次,自动化分拣降低了分拣错误率,提高了货物送达的准确性。此外,自动化分拣系统还具有可扩展性和灵活性,能够适应不同规模和需求的物流场景。

3. 在现代物流运输环节的应用

在现代物流中,运输环节是实现货物空间位移的关键环节。自动化技术的引入和应用,使得运输作业实现了从传统人工驾驶向自动化、智能化驾驶的转型升级。无人驾驶车辆、无人机等智能运输工具的出现,为现代物流运输带来了新的革命性变化。无人驾驶车辆通过引入先进的导航和定位技术,能够自主规划运输路线、避障并准确到达目的地。它们不仅可以替代人工完成长途驾驶任务,降低驾驶疲劳和安全风险,还可以通过优化运输路径和策略,提高运输效率和降低成本。此外,无人驾驶车辆还配备了先进的传感器和监控系统,能够实时监测车辆状态和货物信息,确保运输过程的安全可靠。

无人机在物流运输中的应用也逐渐兴起。它们能够在复杂环境中进行空中运输,为偏远地区提供便捷的物流服务。通过引入无人机技术,物流企业可以迅速将货物送达难以抵达的地区,大幅缩短了运输时间和成本。同时,无人机还具有灵活性高、适应性强等优点,能够在紧急情况下快速响应并提供及时的物流服务。

(二)信息技术

1. 信息技术在物流信息采集中的应用

信息技术在现代物流中扮演着信息采集的关键角色。通过引入 RFID 技术、条形码技术以及传感器技术等先进手段,信息技术能够实时、准确地获取货物信息、车辆信息以及仓储信息,为物流企业提供了全面而详尽的数据支持。RFID 技术通过无线电波与标签进行通信,无须直接接触即可读取货物信息,大大提高了信息采集的效率和准确性。条形码技术则通过特定的条形和空白组合来表示信息,配合扫描设备可以快速录入货物数据。而传感器技术则能够实时监测货物的温度、湿度、位置等状态信息,确保货物在运输和仓储过程中的安全。这些技术的应用不仅减少了人工录入信息的烦琐和错误率,更让物流企业能够实时掌握货物的动态信息。无论是货物的入库、出库、运输还是仓储状态,都可以通过信息技术进行实时监控和管理。这种精细化的管理方式不仅提高了物流效率,更降低了物流风险,为物流企业的稳健运营提供了有力保障。

2. 信息技术在物流信息传输中的应用

信息技术在物流信息传输方面同样发挥着至关重要的作用。通过引入互联网技术和移动通信技术等手段,信息技术实现了物流信息的实时传输和共享,使得物流企业能够及时了解市场动态和客户需求,快速做出响应。互联网技术为物流信息的传输提供了广阔的平台。通过构建物流信息平台或物流管理系统,物流企业可以将各个环节产生的信息实时上传到云端,供相关部门和人员随时查询和使用。这种信息共享的方式不仅打破了信息孤岛，更提高了信息的利用效率和价值。移动通信技术则为物流信息的实时传输提供了便捷的手段。通过智能手机、平板电脑等移动设备，物流人员可以随时随地接收和发送物流信息，确保信息的及时性和准确性。这种移动办公的方式不仅提高了工作效率，更让物流企业能够更好地服务客户，提升客户满意度。

3. 信息技术在物流信息处理和应用中的应用

信息技术在物流信息处理和应用方面同样具有显著优势。通过引入大数据技术和云计算技术等手段，信息技术可以对海量的物流数据进行挖掘和分析，发现隐藏在其中的规律和趋势，为企业决策提供有力支持。大数据技术可以对物流数据进行深度挖掘和分析，揭示出货物流动的趋势、市场需求的变化以及潜在的风险等信息。这些信息对于物流企业优化物流网络、调整运输策略以及制定市场战略都具有重要的参考价值。云计算技术则为物流数据的存储和处理提供了强大的计算能力和存储空间。通过构建物流云平台，物流企业可以将海量的物流数据存储在云端，并利用云计算技术进行高效的数据处理和分析。这种云化的数据处理方式不仅提高了数据处理效率，更降低了数据处理成本，为物流企业的持续发展注入了新的动力。

（三）智能决策技术

1. 智能决策技术与现代物流的融合

在现代物流领域，技术的不断创新与演进为行业的发展带来了翻天覆地的变化。其中，智能决策技术的崛起与应用，为物流企业提供了前所未有的智能化决策支持，使得物流决策过程更加科学、精准和高效。智能决策技术是人工智能、机器学习等多个领域技术成果的集成应用,它通过对海量数据的深度挖掘和分析,为物流企业解决了一系列复杂问题,推动了物流行业的智能化转型。智能决策技术的引入,不仅提高了物流决策的科学性和准确性,更在降低成本、提升效率方面发挥了重要作用。例如,在运输路径规划问题上,传统的决策方法可能仅仅考虑距离或时间等单一因素,而智能决策技术则能够综合考虑多种因素,如路况、天气、车辆载重等,通过复杂的算法和优化模型,为运输车辆规划出最优路径。这不仅减少了运输时间和成本,还提高了运输的效率和安全性。

2. 智能决策技术在库存管理中的应用

库存管理是物流企业运营中的重要环节之一,直接关系到企业的运营成本和客户满意度。智能决策技术在库存管理方面的应用,为企业解决了传统库存管理方法中难以克服的问题。智能决策技术能够根据历史销售数据、市场趋势预测等多种信息源,运用机器学习算法对未来的库存需求进行精准预测。这种预测能力使得企业能够制定出更为合理的库存策略,避免了库存积压和缺货现象的发生。同时,智能决策技术还能够实时监控库存状态,根据实际需求进行动态调整,确保库存始终处于最佳水平。这种智能化的库存管理方式不仅降低了库存成本,还提高了客户服务的响应速度和质量。

3. 智能决策技术在物流风险管理中的价值

物流过程中往往伴随着多种风险,如货物损坏、延误交付、交通事故等。这些风险不仅会给企业带来经济损失,还可能影响企业的声誉和客户满意度。因此,有效的风险管理对于物流企业至关重要。智能决策技术在风险管理方面的应用为企业提供了新的解决方案。通过构建风险评估模型和算法,智能决策技术能够实时监测和分析物流过程中的各种风险因素,为企业提供准确的风险预警和预测。这使得企业能够及时发现潜在问题并采取相应的应对措施,避免或减少风险事件的发生。同时,智能决策技术还能够帮助企业进行风险定量化分析和决策优化,提高企业在应对风险时的决策效率和准确性。这种智能化的风险管理方式不仅降低了企业的风险成本,还提升了企业在复杂环境中的竞争力和稳健性。

二、现代物流技术的创新应用

(一)智能化技术的应用提升物流效率

智能化技术是现代物流技术创新的核心内容之一。通过引入人工智能、机器学习等先进技术,物流企业在各个环节实现了智能化决策和操作,极大地提升了物流效率。在智能化决策方面,物流企业利用大数据分析和预测模型,对市场需求、运输路线、库存管理等进行精准预测和优化。这种智能化的决策方式不仅减少了人为干预和错误,还使得决策过程更加科学和高效。例如,某知名电商平台通过智能化算法预测消费者的购买行为,提前将商品调配至离消费者最近的仓库,从而实现了快速配送和降低库存成本的目标。在智能化操作方面,物流企业通过引入自动化设备和机器人技术,实现了货物的自动分拣、搬运和装载等操作。这种智能化的操作方式不仅提高了作业效率,还降低了人力成本和安全风险。例如,一些先进的物流中心已经实现了全自动化的分拣系统,通过高速运转的分拣设备和精确的识别技术,能够快速准确地将货物分拣到指定的区域或运输工具上。

(二)信息化技术的应用实现物流透明化

信息化技术是现代物流技术创新的另一重要方向。在物流信息采集方面,物流企业利用 RFID 技术、传感器技术等手段,实时获取货物的位置、状态、温度等信息。这些信息通过无线网络传输到物流信息平台,供相关人员随时查询和监控。这种实时的信息采集和传输方式不仅提高了物流过程的可视化程度,还为企业的决策提供了有力支持。在物流信息处理方面,物流企业利用大数据技术和云计算平台,对海量的物流数据进行挖掘和分析。通过构建数据模型和算法,企业能够发现隐藏在数据中的规律和趋势,为优化物流网络、提升服务质量等提供科学依据。例如,某大型物流公司通过对历史运输数据的分析,发现某些路线的运输效率较低,于是对运输策略进行了调整,从而实现了整体运输效率的提升。

(三)绿色物流技术的应用推动可持续发展

随着环保意识的日益增强和可持续发展战略的深入实施,绿色物流技术正逐渐成为现代物流技术创新的重要方向。通过引入清洁能源、节能减排等技术手段,物流企业正努力降低物流过程中的环境污染和资源消耗。在清洁能源方面,物流企业开始尝试使用电动车辆、太阳能等清洁能源进行运输和仓储操作。这种清洁能源的使用不仅减少了碳排放和空气污染,还降低了企业的能源成本。例如,某知名电商公司已经开始使用电动车辆进行城市配送,既满足了城市环保要求,又降低了运营成本。同时,一些先进的物流设备也开始采用节能设计和技术手段,如使用高效节能的电机、变频器等设备进行动力驱动和控制。这些节能减排措施的实施不仅有助于企业的可持续发展,还为整个社会的环保事业做出了积极贡献。

三、现代物流技术的发展趋势

（一）自动化与智能化技术的深度融合

自动化和智能化是现代物流技术发展的两大核心驱动力。随着人工智能、机器学习、物联网等技术的不断进步，自动化与智能化的深度融合将成为现代物流技术的重要发展趋势。在自动化方面，物流设备和系统的自动化水平将不断提高。例如，自动化分拣系统、自动化搬运机器人、无人驾驶运输车辆等将在物流领域得到广泛应用。这些自动化设备和系统不仅能够提高物流作业效率，还能降低人力成本和安全风险。在智能化方面，物流决策和管理的智能化水平将不断提升。通过引入大数据、云计算、人工智能等技术，物流企业将能够实现对物流过程的智能感知、智能分析和智能决策。这种智能化的管理方式将使得物流企业能够更加精准地预测市场需求、优化运输路线、调整库存策略等，从而提高物流效率和降低运营成本。自动化与智能化的深度融合将为物流行业带来革命性的变革。通过构建高度自动化和智能化的物流系统，物流企业将能够实现物流过程的全面优化和升级，为全球贸易和供应链管理提供更加高效、便捷和可靠的服务。

（二）数字化与信息化技术的全面应用

数字化和信息化是现代物流技术发展的另一重要趋势。随着数字技术的不断发展和信息网络的日益完善，数字化与信息化的全面应用将成为物流行业的重要特征。

在数字化方面，物流企业将实现全面数字化转型。通过引入数字化技术,如数字孪生、虚拟现实等,物流企业将能够构建数字化的物流场景和模型,实现对物流过程的数字模拟和优化。这种数字化的转型将使得物流企业能够更加直观地了解物流过程的细节和规律,为优化物流网络和提高服务质量提供有力支持。在信息化方面,物流企业将实现全面信息化覆盖。这种信息化的覆盖将使得物流企业能够更加及时地掌握市场动态和客户需求,为快速响应市场变化和调整运营策略提供科学依据。数字化与信息化的全面应用将为物流行业带来巨大的商业价值。通过实现全面数字化和信息化覆盖,物流企业将能够构建更加高效、透明和智能的物流体系,为全球贸易和供应链管理提供更加精准、可靠和便捷的服务。

(三)绿色化与可持续化技术的不断发展

在绿色化方面,物流企业将积极引入清洁能源和环保技术,降低物流过程中的环境污染和资源消耗。例如,使用电动车辆进行运输、利用太阳能进行仓储照明等。这些绿色化的措施将使得物流企业在满足客户需求的同时,更好地履行社会责任和保护环境。在可持续化方面,物流企业将注重长期可持续发展和循环利用。通过采用可循环使用的包装材料、建立废弃物回收体系等方式实现资源的循环利用。这些可持续化的措施将使得物流企业在追求经济效益的同时,更加注重社会效益和环境效益的平衡发展。

第二章 基于物联网的物流信息管理

第一节 物联网技术与物流信息化

一、物联网技术在物流信息化中的应用

（一）智能仓储

1. 实时感知与信息采集

在智能仓储管理中，物联网技术的首要应用是实时感知和信息采集。仓库内布置了大量的传感器和 RFID 标签，这些设备能够精确地捕捉到库存物品的各种状态信息，如数量、位置、温度、湿度等。这些信息是仓储管理决策的基础，对于确保库存的准确性、维护货物质量和提高作业效率至关重要。传感器技术在这里发挥了关键作用。例如，重量传感器可以实时监测货架上的货物重量变化，从而判断货物是否被正确取放；温度传感器和湿度传感器则能够监控仓库内的环境条件，确保货物在适宜的温湿度下储存。

2. 智能化监控与管理

基于实时感知和信息采集的数据，智能仓储管理系统能够对库存物品进行智能化监控和管理。管理人员无须再依赖烦琐的人工盘点和记录，而是可以通过手持设备或电脑随时查询库存状态，

包括货物的实时数量、存放位置以及环境条件等。这种智能化的监控方式不仅大大提高了工作效率,而且显著降低了出错率。由于数据是实时更新的,因此可以避免库存积压和缺货现象的发生。此外,系统还可以根据历史数据和算法预测未来的库存需求,帮助管理人员制订更为精准的采购计划和销售策略。

3. 自动化设备与智能调度

物联网技术还与仓库内的自动化设备紧密结合,实现了货物的自动化搬运、分拣和包装等操作。这些自动化设备能够根据管理系统的指令,按照最优路径和效率完成仓储作业。智能调度算法在这里起到了核心作用。它可以根据货物的特性、仓库布局以及作业需求等因素,合理规划货物的存储位置和搬运路径。这样不仅可以提高仓储作业的效率和准确性,还能够降低人工成本和劳动强度。自动化设备的应用还带来了另一重要好处:安全性的提升。由于减少了人为干预,自动化设备能够更加精确地执行作业任务,从而降低了货物损坏和人员伤亡的风险。

(二)运输过程

1. 实时感知与信息采集

物联网技术在运输过程监控中的首要应用是实时感知和信息采集。通过在运输车辆上安装 GPS 定位系统和各种传感器,物联网技术能够精确感知和采集车辆的位置、速度、行驶状态以及货物的实时状态等信息。这些信息是运输过程管理的基础,对于确保货物的安全、提高运输效率具有重要意义。GPS 定位系统能够实时追踪车辆的位置和行驶轨迹,使管理人员能够随时了解货物的运输进度和预计到达时间。

2. 智能监控与远程控制

基于实时感知和信息采集的数据,物联网技术实现了对运输过程的智能监控和远程控制。管理人员无须再依赖传统的电话或纸质单据进行沟通,而是可以通过电脑或手机随时查询运输状态,及时了解货物的实际情况。当车辆出现故障或偏离预定路线时,管理中心可以迅速做出反应。通过远程控制系统,管理人员可以对车辆进行锁车、解锁等操作,确保货物的安全和运输的顺利进行。这种智能监控和远程控制的方式不仅提高了运输过程的安全性,还大幅提升了管理效率。

3. 优化运输计划与降低成本

物联网技术的应用还为物流企业带来了更为精准的运输数据支持。基于实时感知和信息采集的数据,企业可以根据运输过程中的实际情况及时调整运输计划和路线,实现运输的优化配置和利用。例如,当某条路线出现拥堵或天气恶劣时,企业可以及时调整运输计划,选择更为合适的路线和时间进行运输。这不仅可以提高物流效率,还可以降低运输成本。此外,通过对历史数据的分析和挖掘,企业还可以发现运输过程中的瓶颈和问题,为未来的运输计划制订提供更为科学的依据。

(三)物流服务优化

1. 实时追踪与查询

在物流服务中,实时追踪和查询是客户最为关心的环节之一。物联网技术的引入,使得客户可以通过手机或电脑随时了解货物的运输状态和预计到达时间。这种透明化的服务不仅消除了客户的等待焦虑,还大大提高了客户的满意度和忠诚度。这些信息经过处理后,可以通过物流企业的官方网站、手机应用等渠道展示给客户。客户只需输入订单号或货物编号,即可轻松查询货物的实时状态和运输进度。此外,物联网技术还支持定制化的查询服务。例如,客户可以设置货物到达某个地点时的自动通知功能,以便及时安排收货。这种个性化的服务不仅满足了客户的多样化需求,还进一步提升了客户体验。

2. 智能配送系统

智能配送系统是物联网技术在物流服务优化中的又一重要应用。传统的配送模式往往依赖人工调度和经验判断,效率低下且容易出错。而物联网技术的引入,使得配送过程实现了智能化和自动化。智能配送系统通过物联网技术实时感知和采集客户的需求信息和配送资源信息,如订单量、配送地址、车辆资源等。根据这些信息,系统可以运用先进的算法和模型自动规划最佳配送路线和时间。这不仅提高了配送的准确性和时效性,还降低了配送成本和人工劳动强度。智能配送系统还具备动态调整和优化的能力。在配送过程中,系统可以根据实时交通情况和天气状况等因素进行动态调整和优化。例如,当某条路线出现拥堵或恶劣天气时,系统可以实时调整配送路线和时间,确保配送的顺利进行。这种灵活性和智能性使得智能配送系统能够更好地应对各种复杂和多变的环境因素,提高了物流服务的整体效率和质量。

3. 精准市场分析与预测

物联网技术的核心在于其强大的数据收集与整合能力。在物流领域,这意味着可以实时追踪和记录货物的运输量、运输路线、时间效率以及客户反馈等关键信息。这些数据不仅涵盖了物流运作的各个环节,还反映了市场的实时动态和客户需求的变化。

通过物联网技术,物流企业可以构建一个全面、细致的市场视图。这个视图不仅展示了当前的市场状态,还揭示了潜在的市场趋势和机遇。例如,通过分析特定路线的运输量变化,企业可以发现新的市场需求或供应链中的瓶颈环节,从而及时调整运力布局和定价策略以应对市场变化。在收集到大量原始数据后,物联网技术的下一步是进行深度分析和挖掘。通过运用先进的算法和模型,企业可以从这些数据中提炼出有价值的信息和洞见。这些信息和洞见可以帮助企业更准确地理解市场行为、预测市场走势,并制定出更加精准的市场营销策略。

二、物联网技术对物流信息化的推动作用

(一)推动物流行业数字化转型和智能化升级

物联网技术作为连接物理世界与数字世界的桥梁,为物流行业的数字化转型提供了有力支持。传统的物流行业依赖人力和纸质单据进行作业和管理,效率低下且容易出错。而物联网技术的应用则实现了物流信息的数字化采集、传输和处理,大大提高了作业的准确性和效率。这些信息经过数字化处理后,可以在物流企业内部进行高效流转和共享,从而实现了物流信息的透明化和可视化。同时,物联网技术还推动了物流设备的智能化改造和升级。例如,自动化叉车、无人仓库等智能设备的应用逐渐普及,这些设备通过物联网技术实现与信息系统的无缝对接,可以自动完成货物的搬运、存储等作业,大大提高了物流作业的自动化水平。数字化转型和智能化升级不仅提高了物流行业的运作效率,还降低了人力成本和出错率。同时,数字化和智能化的物流系统还具备更强的可扩展性和灵活性,可以更好地应对市场变化和客户需求的

变化。因此,物联网技术的应用为物流行业的持续发展和创新提供了有力支持。

(二)促进物流行业资源整合和共享

物联网技术还促进了物流行业的资源整合和共享。在物联网技术的支持下,不同物流企业之间可以实现信息的互联互通和资源共享。通过物联网平台,各企业可以实时了解整个供应链的资源利用情况和需求变化,从而进行更加精准的资源调度和配置。物联网平台可以将分散在各个物流企业中的信息资源进行集中管理和共享。这些信息资源包括货物运输量、运输路线、车辆资源等关键信息。通过物联网平台,各企业可以根据实际需求进行资源的动态调配和优化配置,从而提高资源的利用效率并降低运营成本。同时,物联网平台还可以促进不同物流企业之间的合作与协同,实现资源的互补和优势共享。这种合作模式不仅有助于提升整个物流行业的服务水平和竞争力,还可以推动行业的健康发展和创新升级。

(三)提升物流行业服务水平和竞争力

物联网技术的应用最终体现在提升物流行业的服务水平和竞争力上。通过物联网技术,物流企业可以为客户提供更加个性化、便捷化的服务。客户可以通过手机或电脑随时查询货物的运输状态和位置信息,还可以根据实际情况调整配送时间和地点等。这些服务不仅提高了客户的满意度和忠诚度,还增强了物流企业的市场竞争力。物联网技术可以帮助物流企业实现货物的实时追踪和查询。客户可以通过手机或电脑随时了解货物的运输状态和预计到达时间,从而提前做好收货准备。同时,物流企业还可以根据客户的查询需求提供更加个性化的服务,如定制化的配送时间、地点等。这种个性化的服务模式不仅满足了客户的多样化需求,还提高了客户的满意度和忠诚度。此外,物联网技术还可以帮助物流企业优化配送路线和时间。通过实时感知和采集客户的需求信息和配送资源信息,智能配送系统可以自动规划最佳配送路线和时间,提高了配送的准确性和时效性。这种智能化的配送模式不仅提高了物流服务的效率和质量,还降低了配送成本和人工劳动强度。同时,智能化的配送系统还具备动态调整和优化的能力,可以更好地应对各种复杂和多变的环境因素,提高了物流服务的整体效率和质量。

三、物联网技术与物流信息化融合的挑战与前景

(一)技术标准与数据共享的挑战

物联网技术在物流领域的应用涉及大量的传感器、标签、读写器以及数据传输和处理设备。这些设备之间的互联互通和标准化问题成为制约物联网技术与物流信息化融合的一大难题。目前,物联网技术标准尚未完全统一,不同厂商生产的设备在通信协议、数据格式等方面存在差异,导致信息难以共享和互通。为了克服这一挑战,行业内外需要共同努力推动物联网技术标准的制定和完善。行业协会和企业应加强合作,共同制定符合物流行业需求的物联网技术标准体系。同时,还应鼓励企业采用开放的数据共享平台,实现信息的互联互通和资源共享。通过标准化和开放化的手段,可以降低物联网技术在物流领域的应用门槛,推动其与物流信息化的深度融合。

（二）安全与隐私保护的挑战

物联网技术在物流信息化中的应用涉及大量的数据传输、存储和处理。这些过程中如何确保数据的安全性和隐私性成为另一大挑战。物流信息中往往包含企业的商业机密和客户的个人隐私，一旦泄露或被非法利用，将给企业带来巨大的经济损失和声誉风险。为了应对这一挑战，物联网技术与物流信息化的融合需要采取一系列安全措施。首先，应加强对数据传输和存储的加密处理，防止数据在传输过程中被截获或篡改。其次，应建立完善的访问控制和身份认证机制，确保只有授权的用户才能访问和处理物流信息。此外，还应加强对物联网设备和系统的安全漏洞检测和修复工作，防止黑客利用漏洞进行攻击和破坏。通过这些措施的实施，可以有效地保护物流信息的安全性和隐私性，为物联网技术与物流信息化的融合提供有力保障。

（三）成本与投资回报的挑战

物联网技术在物流信息化中的应用需要投入大量的资金、人力和物力资源。这些投入包括物联网设备的购置和安装、信息系统的开发和维护、人员的培训和管理等方面。然而，对于许多物流企业来说，高昂的成本和不确定的投资回报成为制约其采用物联网技术的关键因素。通过制定优惠政策和专项资金支持等方式鼓励企业采用物联网技术提升物流信息化水平。同时，应积极探索降低成本的途径和方法，如采用云计算、大数据等先进技术提高信息系统的处理能力和效率；通过合作与共享的方式降低物联网设备的购置和维护成本等。通过这些努力，可以逐步降低物联网技术在物流信息化中的应用门槛和投资风险，推动其与物流信息化的深度融合和发展。尽管物联网技术与物流信息化的融合面临着诸多挑战,但其广阔的应用前景和巨大的市场潜力令人充满期待。未来,我们可以预见一个更加智能、高效、绿色的物流行业将呈现在世人面前,为全球经济的发展和电子商务的繁荣提供有力支撑。

第二节　基于物联网的物流信息管理系统

一、物联网技术在物流信息管理中的应用

(一)智能感知与实时监控

1. 智能感知技术的广泛应用

物联网技术的核心在于智能感知,它通过部署多样化的传感器和识别设备,为物流行业带来了革命性的变革。在货物的追踪、定位以及状态监测等方面,智能感知技术发挥着至关重要的作用。以 RFID 标签为例,这种小巧的装置能够实时追踪货物的位置和状态,为企业提供了货物从起点到终点的全程可视化。这种技术的应用,不仅确保了货物在运输过程中的安全,还有效地减少了货物丢失或错配的风险。此外,智能感知技术还广泛应用于车辆的监控中。通过安装 GPS 定位设备,企业可以实时监控车辆的行驶轨迹和速度,从而确保运输的时效性和安全性。这种技术的应用,不仅有助于企业优化运输路线,减少空驶和绕行,还可以及时发现和处理超速、违规停车等安全隐患,为货物运输提供了坚实的保障。

2. 实时监控技术在仓库管理中的作用

物联网技术在仓库管理中也发挥着不可或缺的作用。通过部

署温度传感器、湿度传感器等设备,企业可以实时监控仓库的环境参数,确保货物的存储环境始终符合要求。这种技术的应用,不仅有效地防止了货物因环境不适而受损的风险,还为企业提供了仓库环境调整的决策依据,进一步确保了货物的质量和安全。同时,实时监控技术还可以帮助企业更准确地掌握库存情况。通过实时采集和监控货物的入库、出库、移库等信息,企业可以及时了解库存的变化和趋势,为库存管理和采购决策提供有力的支持。这种技术的应用,不仅提高了库存的周转率和利用率,还有效地降低了库存积压和缺货的风险。

3. 智能感知与实时监控技术的综合优势

智能感知与实时监控技术的应用为物流行业带来了显著的综合优势。首先,这些技术提高了物流信息的透明度和可见性,使得企业能够更准确地掌握物流动态。无论是货物的位置、状态还是运输进度,企业都可以通过物联网技术实时获取和了解,为决策提供了有力的支持。其次,这些技术有助于及时发现和解决问题。通过实时监控和预警机制,企业可以及时发现物流过程中的异常情况和问题,并迅速采取措施进行处理。这种及时响应和处理的能力,不仅减少了物流延误和损失的风险,还提高了客户满意度和服务质量。在激烈的市场竞争中,能够提供更准确、更及时的物流服务的企业往往更容易获得客户的青睐和信任。而物联网技术的应用正是帮助企业实现这一目标的重要手段。通过优化物流流程、提高物流效率和服务质量,企业可以赢得更多的市场份额和客户认可,从而在竞争中脱颖而出。

（二）自动化与智能化操作

1. 物联网技术实现物流自动化操作

物联网技术在物流领域的应用,使得货物的自动识别、自动分拣、自动搬运等操作成为可能。这种自动化的操作方式大大提高了物流运作的效率和准确性。以自动识别为例,传统的物流操作中,工作人员需要手动扫描货物的条形码或输入货物信息,效率低下且容易出错。而物联网技术中的 RFID 技术,可以通过无线射频信号自动识别货物信息,无须人工干预,大大提高了识别效率和准确性。在自动分拣和搬运方面,物联网技术也发挥了重要作用。通过部署在仓库中的传感器和智能设备,可以实时感知货物的位置和状态,并自动控制分拣系统和搬运设备完成货物的分拣和搬运任务。这种自动化的操作方式不仅提高了分拣和搬运的效率,还降低了人力成本和错误率。

2. 物联网技术优化智能运输管理

在智能运输管理方面,物联网技术也发挥了重要作用。通过利用物联网设备对运输车辆进行实时监控和调度,可以实现车辆的自动配载和路线规划。这种智能化的运输管理方式不仅可以优化运输计划,降低运输成本,还可以提高运输的时效性和安全性。物联网设备可以实时采集运输车辆的位置、速度、载重等信息,并通过无线网络将这些信息传输到管理中心。管理中心根据实时信息对车辆进行调度和配载,确保车辆在最短的时间内完成运输任务,并避免空驶和超载等浪费现象。同时,管理中心还可以根据实时路况信息为车辆规划最优路线,避开拥堵和危险路段,提高运输的时效性和安全性。

3. 物联网技术提升智能配送准确性

物联网技术还可以应用于智能配送中。通过实时追踪配送员的位置和状态,物联网技术可以确保配送的准确性和时效性。具体来说,物联网设备可以实时采集配送员的位置信息,并通过无线网络将这些信息传输到配送中心。配送中心根据实时信息对配送员进行调度和安排,确保配送任务在最短的时间内完成,并提高客户满意度。同时,物联网技术还可以应用于智能快递柜等配送设施中。通过部署在快递柜上的传感器和识别设备,可以自动识别快递包裹的信息并将其与收件人进行关联。当收件人取件时,只需要通过手机或密码等方式进行身份验证即可打开快递柜取出包裹。这种智能化的配送方式不仅提高了配送的准确性和便捷性,还降低了配送成本和人力资源需求。

(三)数据分析与决策支持

1. 物联网技术为物流信息管理带来的数据资源

物联网技术的广泛应用,使得物流信息管理中的数据资源呈现出爆炸性增长。从货物的运输、仓储、配送到客户的反馈,每一个环节都产生了大量的数据。这些数据不仅包含了物流的基本信息,如货物的数量、位置、状态等,还蕴含了丰富的业务信息和市场信息。通过对这些数据的收集、整合和存储,企业可以构建一个全面、准确、实时的物流信息数据库。这个数据库不仅为企业提供了全面的物流信息视图,还为后续的数据分析和挖掘提供了坚实的基础。

2. 数据深度挖掘与分析提供智能化决策支持

在拥有海量数据资源的基础上,企业可以利用大数据分析和人工智能技术对物流信息进行多维度、多角度的分析和处理。这种分析不仅可以揭示隐藏在数据背后的规律和趋势,还可以为企业提供智能化的决策支持。例如,通过对历史运输数据的分析,企业可以预测未来货物的运输需求和趋势。这种预测不仅可以帮助企业制订合理的运输计划和策略,还可以优化运输路线和降低运输成本。同时,通过对实时监控数据的分析,企业可以及时发现异常情况并发出预警,从而确保物流过程的顺利进行。此外,通过对客户反馈数据的分析,企业可以了解客户的需求和偏好。这种了解不仅可以帮助企业改进服务质量和提升客户满意度,还可以为企业开发新产品和拓展新市场提供参考。

3. 物联网技术与其他信息技术的结合构建智能物流信息平台

物联网技术还可以与其他信息技术相结合,如云计算、大数据、区块链等,构建更加智能、高效的物流信息平台。这种平台不仅可以实现跨企业、跨行业的物流信息共享和协同优化,还可以提高物流信息的透明度和可信度。通过云计算技术,企业可以将海量的物流信息存储在云端,并通过云服务实现数据的共享和访问。这种共享不仅可以打破企业之间的信息壁垒,还可以促进物流行业的协同发展。同时,通过大数据技术,企业可以对海量的物流信息进行实时处理和分析,从而为企业提供实时的决策支持。而区块链技术的应用,则可以为物流信息提供不可篡改、可追溯的保障。通过区块链技术,企业可以确保物流信息的真实性和可信度,从而提高企业的信誉度和市场竞争力。物联网技术为物流信息管理提供了海量的数据资源,并通过对这些数据的深度挖掘和分析为企业提供了智能化的决策支持。这种支持不仅有助于提升企业的决策水平和应对能力,还可以降低企业的运营风险和成本,提高企业的整体效益。

二、基于物联网的物流信息管理系统的优势分析

(一)提高物流运作效率

基于物联网的物流信息管理系统通过智能感知和实时监控技术,能够实时获取货物、车辆、仓库等物流要素的状态信息,包括位置、温度、湿度等。这种实时性使得企业能够更准确地掌握物流动态,及时发现和解决问题,减少物流延误。同时,系统还可以实现自动化和智能化的操作,如自动识别货物信息、自动分拣、自动搬运等,大大提高了物流运作的效率和准确性。此外,基于物联网的物流信息管理系统还可以优化运输计划和路线。通过对历史数据的分析和挖掘,系统可以预测货物的到达时间和运输需求,从而制订合理的运输计划和路线。这种优势使得企业能够更快速地响应市场需求,提高市场竞争力。

(二)降低物流成本

基于物联网的物流信息管理系统通过自动化和智能化的操作,减少了人力干预和错误,降低了人力成本。同时,系统还可以优化运输计划和路线,减少空驶和绕行等无效运输,降低运输成本。此外,通过实时监控和预警功能,系统可以及时发现异常情况并提醒相关人员及时处理,避免了货物损失和延误等额外成本。除此之外,基于物联网的物流信息管理系统还可以实现库存优化。通过实时监控仓库内货物的状态和数量,系统可以准确掌握库存情况,避免库存积压和缺货现象。这种库存优化不仅降低了库存成本,而且提高了企业的资金利用率。这种优势使得企业能够更

合理地配置资源,提高整体效益。

(三)提升客户满意度和服务质量

基于物联网的物流信息管理系统通过实时追踪和监控货物状态,确保货物在运输过程中的安全和时效性。同时,系统还可以提供实时的物流信息查询服务,让客户随时了解货物的位置和状态。这种透明度和可见性的提升增强了客户对物流服务的信任感和满意度。此外,基于物联网的物流信息管理系统还可以实现个性化的客户服务。通过分析客户的反馈和需求数据,系统可以了解客户的偏好和需求,从而为客户提供定制化的物流解决方案。这种个性化的服务不仅提高了客户满意度,而且增强了企业的客户黏性和市场竞争力。因此,基于物联网的物流信息管理系统在提升客户满意度和服务质量方面具有显著优势。这种优势使得企业能够更好地满足客户需求,树立良好的企业形象和口碑。

三、基于物联网的物流信息管理系统实施挑战

(一)技术实施与整合的复杂性

基于物联网的物流信息管理系统涉及多种技术的融合,如传感器技术、无线通信技术、云计算技术等。这些技术本身处于不断发展和更新中,导致系统在实施过程中面临技术选择、兼容性、稳定性等多方面的挑战。一方面,企业需要选择合适的技术方案来满足系统的需求,这需要对各种技术有深入的了解和评估。不同的技术方案有不同的优缺点,企业需要根据自身的业务需求和资源条件来进行权衡和选择。另一方面,这些技术之间的兼容性和整合也是一个难题。由于不同技术可能采用不同的标准和协议,

在整合过程中需要进行大量的接口开发和调试工作,增加了系统的复杂性和实施难度。此外,物联网设备的多样性和碎片化也给系统的实施带来了挑战。不同的设备可能具有不同的硬件和软件特性,导致在数据采集、传输和处理过程中需要进行针对性的开发和优化。这不仅增加了系统的开发成本和时间,也增加了系统的维护难度和成本。

(二)数据安全与隐私保护的挑战

基于物联网的物流信息管理系统涉及大量的数据传输、存储和处理,其中可能包含企业的商业机密和客户的隐私信息。因此,数据安全与隐私保护成为系统实施过程中必须面对的挑战。一方面,物联网设备在传输和存储数据时可能面临被截获、篡改或窃取的风险。攻击者可能利用这些漏洞来获取敏感信息,对企业和客户造成损失。因此,企业需要采取有效的加密和认证技术来保护数据的机密性和完整性。另一方面,随着数据量的不断增加和处理需求的不断提升,企业也需要考虑如何合规地使用和处理这些数据,以避免触犯相关的法律法规和伦理规范。此外,隐私保护也是一个不可忽视的问题。在物流信息管理系统中,客户的个人信息和位置信息等敏感数据需要得到充分的保护。企业需要建立完善的隐私保护政策和措施,确保客户的隐私权益得到充分的尊重和保障。这包括加强数据加密、访问控制、匿名化处理等方面的技术和管理措施。

(三)投资与运营成本的压力

基于物联网的物流信息管理系统的实施和运营需要投入大量的资金和人力资源。这包括购买和维护物联网设备、开发和升级软件系统、培训员工等方面的成本。对于许多企业来说,这些投资可能是一个沉重的负担,尤其是对于那些规模较小、资金实力较弱的企业来说更是如此。此外,系统的运营成本也是一个需要考虑的问题。由于物联网设备需要持续地进行数据采集和传输,因此会产生大量的通信费用和数据处理费用。同时,为了保证系统的稳定性和安全性,企业还需要投入大量的人力和物力资源进行系统的维护和升级。这些成本可能会对企业的盈利能力产生一定的影响。为了应对这些挑战,企业需要在投资决策前进行充分的市场调研和成本效益分析,评估系统的投资回报率和长期运营成本。同时,企业也需要积极探索降低成本的途径和方法,如采用云计算等新技术来降低数据处理和存储成本、优化物流流程来降低运输和仓储成本等。此外,企业还可以通过与供应商、合作伙伴等建立紧密的合作关系来分摊成本和风险,实现共赢发展。

第三节　基于物联网的物流信息协同管理

一、物联网技术实现物流信息的实时共享

(一)实时数据采集与传输

1. 实时监测货物状态

无线传感器网络是物联网技术在物流领域的一大应用亮点。这些微小的传感器能够精确地监测货物的温度、湿度、位置等关键信息,为物流过程提供了全方位、无死角的监控。在运输过程中,无论是冷藏货物需要恒温控制,还是危险品需要实时监测其安全

状态,无线传感器网络都能提供及时、准确的数据反馈。这些数据是实时传输的。一旦出现异常情况,如温度过高或位置偏移,相关人员可以立即收到警报并做出响应,从而避免了潜在的损失和风险。这种实时反馈机制不仅确保了货物的安全,还大大提高了物流过程的透明度和可控性。

2. RFID 技术:自动读取货物信息

RFID 技术则是物联网技术在物流领域的另一大撒手锏。通过无线射频识别标签,RFID 技术能够自动读取货物的数量、种类、目的地等关键信息,无须人工扫描或输入。这不仅大大提高了数据采集的效率和准确性,还避免了人为错误或欺诈的可能性。在仓储管理中,RFID 技术更是发挥了巨大的作用。通过安装在货架上的 RFID 阅读器,仓库管理人员可以实时了解货物的存储情况和流动状态,从而实现了库存的精准控制和快速补货。在配送中心,RFID 技术也能够帮助工作人员快速找到所需货物并准确完成订单配送,大大提高了配送效率和客户满意度。

3. 实时共享:提高物流运作效率和准确性

当无线传感器网络和 RFID 技术采集到的数据实时传输到物流信息平台时,各参与方就能实时了解货物的状态和位置信息。承运方可以根据这些信息合理安排运输计划和路线,确保货物按时到达目的地;收货方则可以通过查询物流信息提前了解货物的到达时间并做好接货准备。这种实时共享的信息不仅消除了信息不对称和时滞带来的问题,还大大提高了物流运作的效率和准确性。同时,通过实时数据分析,物流企业还能够发现潜在的问题和改进空间,从而持续优化物流过程并降低成本。

（二）物流信息平台的建设

1. 物流信息平台的综合性技术集成

物流信息平台作为一个综合性的技术集成体,其核心在于对物联网技术、云计算、大数据等技术的深度融合与应用。物联网技术为平台提供了实时、准确的数据来源,确保了物流信息的时效性和真实性;云计算技术则实现了海量数据的存储和计算,保障了数据的完整性和安全性;而大数据技术则通过对这些数据的深度挖掘和分析,揭示了隐藏在数据背后的规律和趋势,为物流决策提供了智能化的支持。这种综合性的技术集成不仅提升了物流信息平台的数据处理能力,更使得平台能够应对日益复杂的物流环境和多样化的物流需求。无论是货物的追踪定位、仓储管理,还是运输路径的优化、配送策略的制定,物流信息平台都能提供全面、精准的信息支持。

2. 数据标准化与规范化的挑战

然而,物流信息平台的建设也面临着诸多挑战,其中最为突出的便是数据的标准化和规范化问题。由于物流信息涉及多个环节和多个参与方,数据的格式和标准往往不统一,这就导致了数据之间的难以兼容和共享。为了解决这一问题,物流信息平台在建设过程中必须制定统一的数据标准和规范,确保数据的准确性和可比性。这包括对数据格式、数据编码、数据传输协议等方面的统一规定,以及建立相应的数据质量监控和校验机制。只有这样,才能确保平台所处理的数据是真实、有效、可靠的。

3. 数据共享机制与权益保障

除了数据的标准化和规范化外,物流信息平台的建设还需要建立有效的数据共享机制,明确各参与方的数据共享权利和义务。这是因为物流信息不仅关乎企业的商业利益,更涉及客户的隐私和权益。因此,在建立数据共享机制时,必须充分考虑各方的利益诉求和权益保障。一方面,要明确数据的所有权和使用权,确保数据的合法性和公平性;另一方面,要建立完善的数据安全和隐私保护机制,防止数据泄露和滥用。同时,还需要建立相应的数据纠纷解决机制,确保在出现数据争议时能够及时、公正地处理。物流信息平台的建设是实现物流信息实时共享的关键所在。通过综合性的技术集成、统一的数据标准和规范以及有效的数据共享机制,物流信息平台将为物流行业带来更加高效、准确、智能的信息服务。然而,这一过程也充满了挑战和机遇,需要各方共同努力和探索。

(三)跨企业、跨行业的物流信息共享

1. 物联网技术打破信息孤岛

在传统的物流管理模式中,各企业之间由于信息系统的不兼容、数据格式的不统一等问题,形成了众多的信息孤岛。这些问题导致了物流资源的浪费和运作效率的低下,严重制约了物流行业的发展。而物联网技术的应用,通过实时数据采集、传输和处理,实现了各环节之间的无缝衔接和高效协同。无论是仓储、运输还是配送,各个环节的信息都能得到及时、准确的共享,大大提高了物流运作的效率和准确性。

2. 构建开放、共享的物流信息平台

为了实现跨企业、跨行业的物流信息共享,需要构建一个开放、共享的物流信息平台。这个平台不仅集成了物联网技术、云计算、大数据等先进技术,还具备统一的数据标准和规范,确保不同

企业、不同行业之间的物流信息能够实现互联互通和互操作。同时,这种跨企业、跨行业的物流信息共享还有助于促进物流行业的创新和发展。

二、物联网技术促进物流环节的协同优化

(一)物联网技术消除信息孤岛,实现物流信息的实时共享

在传统的物流管理模式中,信息的传递和共享往往受到时间、空间和技术等多重因素的限制,导致各环节之间存在信息孤岛现象。这种现象不仅影响了物流运作的效率和准确性,更造成了大量物流资源的浪费。而物联网技术的应用,通过无线传感器网络、RFID 技术等手段,实现了对物流信息的实时采集、传输和处理。无论是货物的状态、位置,还是运输车辆的情况、仓库的库存信息,都能得到及时、准确的反馈。这种实时共享的信息,不仅消除了信息孤岛现象,更为物流决策提供了有力的数据支持。

(二)物联网技术促进物流环节的协同优化

实现物流信息的实时共享外,物联网技术还通过对物流信息的深度挖掘和分析,发现了各环节之间存在的潜在关联和优化空间。在仓储管理中,物联网技术可以实时监测货物的库存情况和需求变化,自动调整库存策略和补货计划。这不仅可以确保库存水平始终保持在最佳状态,满足客户需求,还能有效避免库存积压和浪费现象的发生。在运输管理中,物联网技术可以实时监控运输车辆的位置和状态,优化运输路线和调度计划。这不仅可以提高运输效率,降低运输成本,还能减少碳排放,实现绿色物流的

目标。

(三)物联网技术推动物流企业间的协同合作

物联网技术的应用还促进了不同物流企业之间的协同合作。同时,这种合作模式也有助于推动物流行业的创新和发展。基于物联网的物流信息协同管理为物流行业带来了巨大的变革和发展机遇。通过消除信息孤岛、促进物流环节的协同优化以及推动物流企业间的协同合作,物联网技术正引领着物流行业迈向一个更加高效、智能和绿色的未来。

三、物联网技术提升物流服务的个性化和智能化水平

(一)物联网技术实现物流服务的个性化

1. 物联网技术实现个性化需求的精准满足

物联网技术的核心在于实时数据的采集和处理。通过无线传感器网络、RFID等手段,物联网能够实时捕获货物的状态、位置、温度、湿度等关键信息。这些数据不仅为物流企业提供了全面、准确的运营视图,更为重要的是,它们揭示了客户的真实需求和偏好。基于这些数据,物流企业可以对客户的需求进行深度挖掘和预测。例如,通过分析客户的购买记录、浏览行为等数据,物流企业可以精准地预测客户未来的购买趋势和喜好,从而为客户定制个性化的商品推荐和服务方案。这种个性化的服务模式不仅提升了客户的购物体验,更为物流企业带来了更多的销售机会和利润空间。

2. 物联网技术提供精准的货物追踪与查询服务

在物联网技术的支持下,物流服务不再是盲目等待和猜测。

客户可以通过手机、电脑等设备随时随地查询货物的最新动态,了解货物的实时位置和状态。这种精准的货物追踪服务不仅消除了客户的焦虑和不确定感,更增强了客户对物流企业的信任和依赖。同时,物联网技术还为客户提供了更加便捷的查询手段。通过构建用户友好的查询界面和提供多种查询方式,物流企业可以满足客户多样化的查询需求,进一步提升客户满意度。

3. 物联网技术实现与客户的实时互动和沟通

在传统的物流模式中,客户与物流企业之间的沟通往往受到时间和空间的限制。然而,物联网技术的引入打破了这一壁垒。通过构建客户服务平台、社交媒体等多元化沟通渠道,客户可以随时向物流企业提出需求和建议,而物流企业也可以及时回应客户的反馈和需求。这种实时的互动和沟通不仅增强了客户与物流企业之间的黏性和忠诚度,更为物流企业提供了宝贵的市场信息和改进方向。通过与客户的实时互动,物流企业可以更加精准地把握市场动态和客户需求变化,从而及时调整服务策略和优化运营流程。

(二)物联网技术提升物流服务的智能化水平

1. 实现库存优化与效率提升

智能仓储管理是物联网技术在物流领域的重要应用之一。通过无线传感器网络、视频监控等先进手段,物联网技术能够实时监测仓库的库存情况、货物的位置和状态等信息,为仓库管理者提供全面、准确的数据支持。这些数据不仅可以帮助管理者实时掌握库存动态,还可以结合人工智能和大数据技术,对仓库的货位分配、库存策略等进行智能优化和决策支持。在智能仓储管理的助力下,仓库的利用率和运作效率得到了显著提升。通过智能算法对货物进行合理分配和调度,减少了人工干预和错误率,避免了库存积压和浪费现象的发生。同时,智能化的仓储管理还能够对仓库的环境参数进行实时监测和调控,确保货物在最佳状态下保存,进一步提高了仓储管理的精细化水平。

2. 提升运输效率与降低成本

物联网技术在运输管理方面的应用同样引人注目。通过 GPS 定位、GIS 地理信息系统等高科技手段,物联网技术能够实时监测运输车辆的位置和状态信息,为运输管理者提供全面、准确的运输视图。这些数据不仅可以帮助管理者实时掌握运输进度,还可以结合人工智能和大数据技术,对运输路线、车辆调度等进行智能优化和决策支持。智能化的运输管理显著提高了运输效率和准确性。通过智能算法对运输路线进行合理规划,避免了绕行和拥堵现象的发生,缩短了运输时间;通过对车辆进行合理调度和配载,提高了车辆的利用率和装载率,降低了运输成本。此外,智能化的运输管理还能够对运输过程中的风险进行实时监测和预警,确保货物安全送达目的地。

3. 满足个性化需求与提升客户体验

物联网技术在配送管理方面的应用也不容忽视。通过分析客户的购买记录、收货地址等信息,物联网技术可以预测客户未来的购买需求和收货时间窗口等信息。这些数据为配送管理者提供了宝贵的市场情报和客户洞察,使他们能够更加精准地满足客户的个性化需求。智能化的配送管理不仅提高了配送效率和准确性,还显著提升了客户体验。通过智能算法对配送路线进行合理规划,确保了货物在最佳时间内送达客户手中;通过与客户进行实时互动和沟通,解决了配送过程中的疑问和问题,增强了客户的信任度和忠诚度。这种个性化的配送服务不仅满足了客户的多样化需求,还为物流企业赢得了良好的口碑和市场份额。

(三)物联网技术推动物流行业的创新发展

1.物联网技术助力物流行业数字化转型

物联网技术的核心在于实时数据的采集、传输和处理。在物流领域,这意味着每一件货物、每一辆运输车、每一个仓库都可以被实时追踪和监控。通过无线传感器网络、RFID 标签等技术手段,物联网能够精准地捕获物流运作中的每一个环节的信息,如货物的位置、状态、温度、湿度等。这些数据不仅为物流企业提供了全面、准确的运营视图,还大大提高了物流运作的透明度和可追溯性。数字化转型为物流企业带来了诸多好处。首先,企业可以更加精准地掌握货物的实时状态,从而及时应对各种突发情况,减少损失。其次,通过数据分析,企业可以发现物流运作中的瓶颈和问题,进而优化流程,提高效率。最后,数字化还为物流企业的决策提供了科学、准确的数据支持,帮助企业做出更加明智的战略选择。

2.物联网技术推动物流行业智能化升级

在数字化转型的基础上,物联网技术进一步推动了物流行业的智能化升级。通过引入人工智能、大数据等先进技术,物联网技术使得物流运作能够更加智能、高效地进行。例如,利用机器学习算法对历史数据进行分析,可以预测货物的运输需求和运输路线,从而提前进行资源调配和路线规划。这种智能化的决策不仅可以提高物流运作的效率和准确性,还能为企业节省大量的人力和物力成本。智能化升级还为物流企业带来了更多的创新机遇。例如,通过开发智能配送系统,企业可以实现更加精准、个性化的配送服务;通过构建智能仓储系统,企业可以实现仓库的自动化管理和货物的智能存储;通过与电商平台、供应链金融等领域的深度融合,企业还可以开发出更加多元、创新的物流服务模式。

3. 物联网技术促进物流行业绿色化发展

在环保和可持续发展日益成为全球共识的背景下,物流行业的绿色化发展也显得尤为重要。物联网技术通过实时监测和优化物流运作过程中的能源消耗和碳排放量等信息,为物流行业的绿色发展提供了有力的支持。例如,通过优化运输路线和车辆调度,可以减少空驶率和不必要的绕行;通过推广使用新能源车辆和绿色包装材料,可以降低运输过程中的能耗和污染排放。绿色化发展不仅符合当前社会对环保和可持续发展的要求,也为物流企业的长期发展提供了更加可持续的支撑。通过减少能耗和污染排放,企业可以降低运营成本和环境风险;通过参与绿色供应链和循环经济等创新模式,企业还可以开拓新的市场机遇和合作伙伴关系。

第三章　物联网技术在物流信息追溯中的应用

第一节　物联网技术在物流信息追溯中的应用实践

一、智能感知与数据采集

（一）智能传感器的广泛应用

智能传感器是物联网技术的重要组成部分,具有自主感知、数据处理和通信能力。在物流信息追溯中,智能传感器被广泛应用于仓库、车辆、货物等各个环节,用于监测和采集各种物理量、化学量或生物量的变化。例如,温度和湿度传感器可以实时监测货物在运输和存储过程中的温湿度变化,确保货物质量;重量传感器则可以实时监测货物的重量变化,防止货物丢失或被盗。智能传感器的应用不仅提高了数据采集的准确性和实时性,还降低了人工干预的成本和风险。通过无线网络技术,智能传感器可以将采集到的数据实时传输到数据中心或云平台进行处理和分析,为物流企业提供更加全面、准确的货物信息追溯服务。

（二）RFID 技术的普及与推广

RFID 技术是一种非接触式的自动识别技术,通过射频信号自动识别目标对象并获取相关数据。在物流信息追溯中,RFID 技术被广泛应用于货物的标识、跟踪和定位。通过在货物上粘贴或嵌入 RFID 标签,并在仓库、车辆等关键节点安装 RFID 读写器,物流企业可以实现对货物的快速识别、精确定位和实时跟踪。RFID 技术的应用不仅提高了货物识别的准确性和效率,还降低了人工扫描和录入的工作量。同时,RFID 标签具有存储容量大、可重复利用等优点,可以存储更多的货物信息,如生产批次、保质期、目的地等,为物流信息追溯提供更加丰富的数据支持。

（三）GPS 定位技术的融合应用

GPS(全球定位系统)是一种基于卫星的无线电导航定位系统,可以提供全球范围内的精确定位和时间信息。在物流信息追溯中,GPS 定位技术被广泛应用于车辆的跟踪和定位。通过在车辆上安装 GPS 定位设备,物流企业可以实时获取车辆的准确位置、行驶速度和行驶轨迹等信息。GPS 定位技术的应用不仅提高了车辆管理的效率和安全性,还为物流信息追溯提供了更加精确的时空数据。结合 GIS(地理信息系统)技术,物流企业可以将车辆位置信息与地图数据相融合,实现更加直观、可视化的货物追踪和监控。同时,GPS 定位数据还可以用于优化运输路径、提高运输效率等方面,为物流企业带来更大的经济效益。智能感知与数据采集在物流信息追溯中发挥着至关重要的作用。通过引入智能传感器、RFID 技术、GPS 定位等手段,物联网技术实现了对物流过程中各个环节的实时感知和精确数据采集。这些技术的应用不仅提高了物流信息追溯的准确性和效率,还为物流企业带来了更大的经济效益和竞争优势。未来随着物联网技术的不断发展和创新,相信智能感知与数据采集在物流信息追溯中的应用将会更加广泛和深入。

二、数据传输与处理

(一)物流数据的整合与优化

在物联网技术的助力下,物流企业得以实时获取包括运输、仓储、配送等各环节在内的海量数据。这些数据经过清洗、整合后,形成了一个全面、精准的物流信息库。通过对这些数据进行分析,物流企业可以优化运输路径、减少不必要的转运和等待时间,从而提高整体的运输效率。此外,利用大数据技术还可以对运输过程中的各种影响因素进行深入挖掘,如天气、交通状况、货物特性等。这些因素的精准分析有助于物流企业制定更加合理的运输策略,降低运输过程中的损耗和风险。

(二)基于数据的预测与决策

物联网技术带来的另一个显著变化是,物流企业开始越来越多地依赖数据进行决策。通过对历史物流数据的分析,企业可以预测未来的货物需求、市场变化等趋势。这种基于数据的预测能力使企业能够提前调整策略,以应对市场的不确定性。例如,通过对某一地区历史销售数据的分析,物流企业可以预测未来一段时间内的货物需求量。在此基础上,企业可以提前调整运输计划和仓储策略,确保在需求高峰期能够及时满足市场需求。这种基于数据的决策方式不仅提高了企业的响应速度和灵活性,还有效降低了库存积压和缺货的风险。

(三) 实时监控与问题解决

1. 实时监控货物状态与位置

物联网技术通过安装在车辆、仓库等关键节点的传感器和设备,实现了对货物状态和位置的实时监控。这些传感器和设备能够实时采集货物的温度、湿度、重量、位置等信息,并通过无线网络将这些数据传输到数据中心进行处理和分析。物流企业通过这些数据可以实时掌握货物的动态,确保货物在运输过程中的安全和完整。实时监控货物状态与位置的能力对于物流企业来说至关重要。它不仅可以帮助企业及时发现并解决运输过程中的问题,如货物丢失、损坏等,还可以提高企业对客户需求的响应速度。当客户需要查询货物状态时,物流企业可以迅速提供准确的信息,从而提升客户满意度。

2. 智能调整运输计划与策略

物联网技术提供的实时数据为物流企业进行智能调整提供了有力支持。当某一环节的运输出现延误时,企业可以根据实时数据迅速调整后续的运输计划和策略,以确保整体物流过程的顺畅和高效。这种智能调整能力不仅可以帮助企业应对突发状况,还可以优化运输路径和资源配置,降低运输成本。此外,通过对历史数据和实时数据的综合分析,物流企业还可以发现运输过程中的瓶颈和问题根源,从而制定更加合理的运输策略和解决方案。这种基于数据的智能决策能力使物流企业能够更加精准地满足客户需求,提升市场竞争力。

3. 推动物流行业智能化

物联网技术在物流实时监控与智能调整中的应用不仅提升了物流企业的运营效率和客户满意度,还推动了物流行业向更加智能化、高效化的方向发展。未来,物联网技术将与人工智能、大数据等先进技术深度融合,为物流企业提供更加全面、精准的解决方案。例如,通过利用大数据技术对海量物流数据进行分析和挖掘,物流企业可以发现更多隐藏在数据中的价值和规律,为优化运输路径、提高运输效率提供更有力的支持。同时,随着物联网设备的不断普及和成本的降低,越来越多的物流企业将能够享受到物联网技术带来的便利和效益。

三、信息追溯与可视化展示

(一)物联网技术实现物流信息全程追溯

1. 物联网技术实现货物信息精确追踪

在物流领域,这一特性使得为每个货物分配唯一的标识码或溯源码成为可能。通过这些唯一的标识,物流企业可以精确地追踪货物的来源、生产过程、运输路径以及最终去向等详细信息。这种精确追踪的能力不仅有助于企业掌握货物的实时状态,还为货物的安全性和可信度提供了有力保障。在食品、药品等关乎消费者健康的领域,物联网技术的应用尤为重要。通过扫描商品上的二维码或登录相关网站,消费者可以轻松查询商品的详细信息、生产批次、检验报告等,从而确保购买到安全、放心的产品。这种信息透明化的方式不仅增强了消费者的信心,也为企业树立了良好的品牌形象。

2. 物联网技术提升物流服务质量与客户满意度

对于物流企业而言,物联网技术的应用不仅实现了货物信息的精确追踪,还有助于及时发现并解决问题,提高服务质量和客户满意度。在物流过程中,难免会出现各种突发状况,如货物丢失、损坏等。通过物联网技术,企业可以迅速定位问题所在,及时采取措施进行补救,从而最大限度地减少损失并维护客户利益。此外,物联网技术还为企业提供了丰富的数据资源,通过对这些数据的挖掘和分析,企业可以发现物流过程中的瓶颈和问题根源,进而优化运输路径、提高运输效率、降低运营成本。这种基于数据的决策方式不仅提高了企业的运营效率,还为客户提供了更加优质、高效的服务体验。

3. 物联网技术推动物流行业创新发展

物联网技术在物流信息追溯中的应用不仅提升了企业的服务质量和客户满意度,还推动了物流行业的创新发展。随着物联网技术的不断进步和应用场景的不断拓展,越来越多的物流企业开始尝试将物联网技术与其他先进技术相结合,以探索更加高效、智能的物流解决方案。这种创新性的应用方式不仅提升了物流行业的智能化水平,还为消费者带来了更加便捷、高效的购物体验。

(二)可视化展示技术提升物流信息透明度

1. 物联网与 GIS 技术的结合实现物流信息实时可视化

物联网技术通过为每个货物分配唯一的标识码,实现了对货物信息的精确追踪。而 GIS 技术的引入,使得这些追踪信息能够在地图上实时显示出来。物流企业可以利用 GIS 技术,将货物的位置、运输路径等关键信息与地图相结合,形成一个直观、易懂的物流视图。这种视图不仅帮助企业内部员工更好地掌握货物的实时状态,也为消费者提供了便捷的查询手段。对于消费者而言,他们可以通过相关平台随时查询货物的实时状态,了解货物的具体位置和预计送达时间。这种实时、透明的信息展示方式大幅提升了消费者的购物体验。他们不再需要担心货物在运输过程中的安全问题,也不再需要因为信息不对称而产生焦虑。相反,他们可以更加放心地享受购物带来的乐趣。

2. VR 技术为物流信息可视化展示带来沉浸式体验

VR 技术也为物流信息的可视化展示带来了革命性的变革。通过佩戴 VR 设备,消费者可以身临其境地感受货物的运输过程,仿佛置身于货物所在的仓库或运输车辆中。这种沉浸式的体验不仅增强了消费者的参与感和信任度,还为物流企业提供了全新的营销手段和服务模式。VR 技术的引入,使得消费者可以更加直观地了解货物的运输环境和条件。他们可以清楚地看到货物是如何被装载、运输和卸载的,也可以了解到货物在运输过程中可能遇到的风险和挑战。这种了解不仅增强了消费者对货物的信任度,也使他们更加愿意选择信任和支持那些能够提供优质服务的物流企业。

3. 物联网与可视化技术的融合推动物流行业创新发展

物联网技术与可视化展示技术的深度融合,不仅提升了物流信息的透明度和可信度,还推动了物流行业的创新发展。这种融合使得物流企业能够更加准确地把握市场需求和消费者期望,从而提供更加个性化、高效化的服务。同时,这种融合也为物流企业提供了全新的营销手段和服务模式。通过利用可视化展示技术,物流企业可以将自身的服务优势和特点更加直观地呈现给消费者,从而吸引更多的客户和市场份额。这种创新性的应用方式不仅提升了物流企业的竞争力,也为整个物流行业的持续发展注入了新的活力。

(三)物联网与可视化技术的融合推动物流行业创新

1. 精确掌握货物信息,优化物流运营

当这种技术与可视化展示技术相结合时,物流企业便能够更加精确地掌握货物的状态和位置信息。通过为每个货物分配唯一的标识码,并利用 GIS 等技术将其与地图相结合,企业可以实时追踪货物的运输路径和状态。这种精确的信息掌握不仅有助于企业优化运输路径、提高运输效率,还能显著降低运营成本。优化运输路径意味着减少不必要的绕行和等待时间,从而提高货物的送达速度。提高运输效率则意味着在同样的时间内可以运输更多的货物,进一步提升了企业的盈利能力。而降低运营成本则直接增加了企业的利润空间,使其能够在激烈的市场竞争中占据更有利的地位。

2. 创新客户服务模式,提升用户体验

除了优化物流运营外,物联网与可视化技术的融合还为物流企业提供了全新的客户服务模式。通过构建在线查询平台、开发移动应用等方式,企业可以为消费者提供更加便捷、个性化的服务体验。消费者只需动动手指,便能随时查询货物的实时状态、了解预计送达时间等信息。这种透明、便捷的服务方式不仅增强了消费者的信任感和满意度,还为企业树立了良好的品牌形象。此外,借助可视化展示技术,物流企业还可以为消费者提供更加直观、生动的服务体验。例如,通过 VR 技术让消费者身临其境地感受货物的运输过程,或者利用 3D 技术展示仓库的布局和货物的存储情况等。这种沉浸式的体验不仅增强了消费者的参与感和兴趣度，还为企业提供了更多的营销机会和增值服务空间。

3. 推动物流行业发展

物联网与可视化技术的融合还推动了物流行业的智能化发展。智能化的发展使得物流企业能够更加精准地把握市场需求和消费者期望，从而提供更加符合消费者需求的产品和服务。同时，智能化还为企业提供了更多的创新机会和增值服务空间。例如，通过对消费者购买行为的分析，企业可以发现新的市场机会和潜在客户群体；通过对运输过程中风险因素的预测和防范，企业可以减少货物损失和延误等问题的发生概率。

第二节　物联网技术提升物流信息追溯效率的分析

一、物联网技术实现物流信息的实时采集与传输

（一）物联网技术的核心组成与工作原理

物联网技术的核心在于通过无线网络将各种智能设备与互联网连接起来，形成一个庞大的信息交互网络。在这个网络中，各种传感器、RFID 标签、GPS 定位设备等智能设备扮演着关键角色。它们能够实时感知和采集货物的状态、位置、环境等信息，并通过无线网络将这些信息传输到物流信息平台。传感器可以监测货物的温度、湿度、压力等环境参数，确保货物在运输过程中处于适宜的环境条件下；RFID 标签则可以存储货物的详细信息，如种类、数

量、生产日期等,方便随时查询和追溯;而GPS定位设备则可以实时追踪货物的运输路径和位置,确保货物能够按时、准确地送达目的地。这些智能设备与物流信息平台的无缝对接,使得物流信息的实时采集与传输成为可能。

(二)物联网技术在物流信息实时采集中的应用

物联网技术在物流信息实时采集方面的应用主要体现在以下几个方面:一是提高了信息采集的效率。而物联网技术通过自动感知和采集信息,大大减少了人工干预的环节,提高了信息采集的效率和准确性。二是实现了信息的实时更新。物联网技术能够实时感知货物的状态变化,并将这些信息立即传输到物流信息平台,确保信息的实时性和准确性。这有助于相关人员随时掌握货物的最新状态,及时做出决策和调整。三是增强了信息的可追溯性。通过物联网技术采集的信息具有完整性和连续性,可以追溯到货物的源头和整个运输过程。这有助于在出现问题时快速定位原因和责任,提高问题处理的效率和质量。

(三)物联网技术在物流信息实时传输中的优势

物联网技术在物流信息实时传输方面的优势主要体现在以下几个方面:一是传输速度快。物联网技术采用无线网络进行信息传输,具有传输速度快、延迟低的特点。这确保了物流信息能够及时传输到相关人员手中,为快速决策和响应提供了有力支持。二是传输距离远。物联网技术的无线网络覆盖范围广泛,可以实现远距离的信息传输。这使得物流企业能够跨越地域限制,实现全国乃至全球范围内的信息共享和协同工作。三是传输安全性高。物联网技术采用了多种加密和认证机制,确保信息在传输过程中的安全性和完整性。这有效防止了信息泄露和篡改等安全问题的发生,为物流信息的保密性提供了有力保障。此外,物联网技术还可以实现与现有信息系统的无缝对接和整合,进一步提升了物流信息的传输效率和质量。通过与企业内部的生产管理系统、仓储管理系统等进行集成,物联网技术可以实现信息的自动同步和更新,避免了因信息不同步导致的重复录入和核对工作。这进一步提高了工作效率,降低了运营成本。

二、物联网技术优化物流信息追溯流程

(一)实现信息的无缝对接与共享

1. 智能感知与信息采集的革新

物联网技术的引入,为物流信息追溯带来了革命性的变化。通过 RFID 标签、传感器等智能设备,物联网技术能够自动感知和采集货物的种类、数量、生产日期以及运输路径等关键信息。这些信息对于确保货物的质量安全至关重要。相比传统的手工操作和纸质单据,物联网技术的智能感知不仅大大提高了信息采集的效率,还降低了人为错误的可能性,保证了信息的准确性和完整性。

2. 实时传输与信息共享的实现

物联网技术通过无线网络将采集到的货物信息实时传输到物流信息平台,实现了信息的无缝对接与共享。这种信息的共享机制不仅提高了信息的透明度,使得各个环节的相关人员都能够及时、准确地获取到所需的信息,还加强了各环节之间的协同作业能力。在物流链中,无论是原材料供应商、生产商、运输商还是销售商,都可以通过物联网技术共享信息,形成一个紧密连接的物流网

络。这种网络化的信息管理模式大大提高了物流运作的效率和协同性。

3. 强化食品安全与可追溯性

在食品安全领域,物联网技术的应用尤为突出。通过物联网技术,食品生产过程中的原材料采购、生产加工、运输配送等各个环节的信息都可以被实时记录和共享。这种信息的全面性和可追溯性为食品安全提供了有力的保障。一旦出现问题,相关部门可以迅速定位问题源头,采取有效措施进行处理,最大限度地减少损失。同时,消费者也可以通过扫描 RFID 标签或输入产品编号等方式轻松查询食品的详细信息,包括其来源、生产流程、运输路径等,从而更加放心地选择安全、可靠的食品。

(二) 简化追溯流程,提高追溯效率

1. 整合信息,简化追溯流程

在传统物流信息追溯流程中,信息的传递和处理需要经过多个环节和部门的配合,流程烦琐且耗时较长。这不仅影响了追溯效率,还增加了出错的可能性。而物联网技术的应用,通过整合各个环节的信息,实现了信息的自动同步和更新。这种整合使得信息能够在各环节之间快速传递和处理,减少了重复录入和核对的工作,从而极大地简化了追溯流程。此外,由于信息得到了实时更新,相关人员可以随时掌握货物的最新状态,为快速决策提供了有力支持。

2. 实时监控,确保货物安全

物联网技术不仅可以简化追溯流程,还可以实现对货物的实时监控和预警。通过在运输车辆上安装 GPS 定位设备、温湿度传

感器等智能设备,企业可以实时监控货物的运输状态和环境条件。这种实时监控机制有助于及时发现潜在的安全隐患,如车辆偏离预定路线、货物温度过高等情况。一旦发现异常情况,企业可以立即采取措施进行处理,如调整运输路线、改善仓储条件等,从而确保货物的安全。这种预警机制不仅提高了货物的安全性,还降低了运输过程中可能出现的损失和风险。

3. 提供决策依据,优化物流运作

物联网技术采集的实时数据和信息不仅用于追溯和监控,还可以为物流企业提供更多的决策依据和优化空间。通过对这些数据的深入分析,企业可以更加精准地掌握市场需求、运输状况以及货物状态等信息。这有助于企业制订更加合理的运输计划和调度方案,优化物流运作流程。例如,企业可以根据实时交通信息调整运输路线和时间表,避开拥堵路段和高峰时段;同时也可以根据货物的实时状态调整仓储和配送策略,提高库存周转率和客户满意度。这些优化措施不仅降低了运营成本和时间成本,还提升了企业的竞争力和市场地位。

(三)提升追溯的智能化水平

1. 数据挖掘与分析,发现物流规律与趋势

在物流领域,历史数据的积累和分析至关重要。物联网技术通过实时采集和传输货物信息,为大数据分析提供了丰富的数据源。利用大数据挖掘和分析技术,物流企业可以深入探索隐藏在海量数据中的规律和趋势。这些规律和趋势不仅反映了货物的运输需求和市场变化,还为物流企业制订精确的运输计划和调度方案提供了有力依据。通过这种方式,企业可以更加合理地配置资

源,提高运输效率,降低运营成本,从而在激烈的市场竞争中占据有利地位。

2. 智能识别与分类,提升货物管理准确性

物联网技术的另一大应用是对货物的智能识别和分类。通过在货物上安装 RFID 标签等设备,物联网技术可以自动识别货物的种类、数量等关键信息。这种自动识别方式不仅大大提高了货物信息采集的准确性和效率,还有效避免了因人为因素导致的错误和遗漏问题。同时,通过对识别结果的自动分析和处理,物联网技术还可以帮助物流企业实现货物的自动分拣和配送等功能。这种自动化的作业方式不仅减少了人力成本和时间成本,还进一步提高了物流作业的效率和准确性。

3. 自动化决策与优化,提高物流服务质量

物联网技术与人工智能的结合,使得物流决策过程更加自动化和智能化。基于大数据分析的结果,人工智能算法可以自动调整运输计划和调度方案,以适应市场的变化和客户的需求。这种自动化的决策方式不仅提高了决策的效率和准确性,还使得物流服务更加个性化和精准。同时,通过对历史数据的不断学习和优化,人工智能算法还可以帮助物流企业发现潜在的问题和改进空间,从而持续提升物流服务的质量和客户满意度。通过数据挖掘与分析、智能识别与分类以及自动化决策与优化等方面的应用,物联网技术不仅提升了物流信息追溯的智能化水平,还为物流企业提供了强大的决策支持和优化手段。这些变革不仅优化了资源配置、提高了运输效率和服务质量,还为物流行业的可持续发展注入了新的活力。

三、物联网技术提升物流信息追溯的智能化水平

（一）智能感知

1. 实时感知货物状态与环境参数

物联网技术的核心在于通过智能设备实现对外界环境的实时感知。在物流领域，RFID 标签和传感器等设备的广泛应用，使得货物的状态和环境参数得以实时监控。这些设备能够自动识别、跟踪货物的流动状态，包括位置、温度、湿度以及光照等重要信息。这种实时感知的能力确保了物流信息的准确性和完整性，为后续的信息追溯提供了可靠的数据支持。

2. 提高数据采集效率和准确性

物联网技术的引入彻底改变了这一现状。通过自动化的数据采集方式，物联网技术大大提高了数据采集的效率和准确性。智能设备能够自动记录货物的流动状态和环境参数，减少了人为因素对数据质量的影响。这种高效、准确的数据采集方式为物流企业提供了实时、可靠的信息支持，有助于企业及时发现并解决潜在问题，确保货物的安全运输。

3. 优化物流决策与提升运输效率

物联网技术采集的感知数据不仅用于信息追溯，还为物流决策提供了有力支持。通过对这些数据的深入分析，物流企业可以更加精准地掌握市场需求和运输状况，进而优化运输路径和调度方案。这种数据驱动的决策方式不仅提高了运输效率，还降低了运营成本。例如，企业可以根据实时交通信息和货物状态调整运输路线，避开拥堵路段，减少运输时间；同时，也可以根据货物的温

度、湿度等环境参数调整仓储条件,确保货物的质量稳定。此外,物联网技术的智能感知与数据采集能力还为物流企业提供了更多的增值服务可能性。例如,通过对货物状态的实时监控,企业可以为客户提供更加精准的货物到达时间预测;同时,也可以结合大数据分析为客户提供个性化的物流解决方案。这些增值服务不仅提升了客户满意度,还为企业带来了更多的商业机会。

(二)智能分析与处理

1. 深度挖掘数据价值,发现隐藏规律

物联网技术采集的数据涵盖了货物的状态、位置、环境条件等多个维度,这些数据背后隐藏着丰富的信息和规律。通过大数据和云计算技术,物联网平台可以对这些数据进行深度挖掘和分析,揭示出隐藏在数据中的趋势和模式。例如,通过对历史运输数据的分析,可以发现不同季节、不同路线的运输需求和趋势,为物流企业制订合理的运输计划和调度方案提供科学依据。这种深度挖掘不仅能够帮助企业更好地了解市场需求和运营状况,还能够发现潜在的问题和机会。通过对数据的细致分析,企业可以及时调整战略和业务模式,以适应市场的变化和客户的需求。

2. 实时监控与预警,提升应变能力

物联网平台不仅可以对历史数据进行分析,还可以对实时数据进行监控和预警。通过安装在货物上的传感器和 RFID 标签等设备,企业可以实时监控货物的运输状态和环境条件,确保货物在运输过程中的安全性和质量稳定性。一旦出现异常情况,如温度过高、湿度过大或位置偏移等,物联网平台会立即发出预警信息,提醒企业及时采取措施进行处理。这种实时监控和预警机制大幅提升

了物流企业的应变能力。企业可以在第一时间发现潜在的问题并采取相应的解决措施,避免或减少损失。同时,通过对实时数据的分析,企业还可以优化运输路径和调度方案,提高运输效率和降低成本。

3. 智能化决策支持,降低运营成本

智能分析与处理技术的应用为物流企业提供了强大的决策支持工具。通过对历史数据和实时数据的综合分析,企业可以更加准确地预测市场需求和趋势,制订合理的运输计划和调度方案。这种智能化的决策机制不仅提高了企业的决策效率和准确性,还降低了运营成本。在传统模式下,物流企业往往需要依靠人工经验和直觉进行决策,这种方式既耗时又容易出错。而借助智能分析与处理技术,企业可以根据数据进行科学决策,减少人为因素的干扰和误判。这种智能化的决策方式不仅提高了企业的运营效率和服务质量,还为企业带来了更大的竞争优势。

(三)智能追溯与可视化展示

1. 为消费者提供透明的产品追溯机制

在传统物流模式下,消费者很难了解到产品的完整生产流程和运输路径。而物联网技术的应用,使得消费者可以通过扫描 RFID 标签或输入产品编号等方式,轻松查询到货物的详细信息,包括其来源、生产流程、质检结果以及运输路径等。这种透明的信息追溯机制极大增强了消费者对产品的信任度和满意度。消费者在购买产品时,能够更加放心地选择那些来源可靠、生产流程规范的产品。同时,这种透明的追溯机制也为企业赢得了良好的口碑和品牌形象。在竞争激烈的市场环境中,企业的信誉和品牌形象至关重要。通过向消费者展示产品的完整追溯信息,企业能够展现出其对产品质量的自信和负责任的态度,从而赢得消费者的信赖和支持。

2. 为物流企业提供实时监控和预警工具

物联网平台不仅为消费者提供了查询工具,更为物流企业提供了强大的管理功能。通过物联网平台,企业可以实时监控货物的运输状态和环境条件,如温度、湿度、位置等。这种实时监控能够确保货物在运输过程中的安全性和质量稳定性。一旦出现异常情况,如温度过高或位置偏移等,企业可以迅速收到预警信息并采取措施进行处理,从而最大限度地减少损失。此外,物联网平台还可以记录货物的历史运输数据和环境参数,为企业提供完整的数据支持。通过对这些数据的分析和挖掘,企业可以发现运营中的不足之处并加以改进,实现持续优化和提升。例如,企业可以根据历史数据调整运输路线和计划,以提高运输效率和降低成本;同时,也可以根据环境参数的变化优化仓储条件,确保货物的存储安全和质量稳定。

3. 促进物流行业的信息化和智能化发展

物联网技术的应用不仅提升了物流信息追溯的智能化水平,也推动了整个物流行业的信息化和智能化发展。通过物联网技术,物流企业可以实现与各环节的实时信息交互和协同作业,提高整体运营效率和服务质量。此外,随着物联网技术的不断发展和完善,未来还将出现更多智能化的物流应用和服务。例如,利用物联网技术实现自动化仓储和分拣系统、智能配送和路径规划等功能;同时,也可以结合大数据和人工智能技术实现更加精准的市场预测和决策支持等功能。这些智能化的应用和服务将进一步提升物流行业的运营效率和服务水平,满足社会经济发展对高质量物流服务的需求。

第四章 物联网技术在智能仓储管理中的应用

第一节 智能仓储管理的核心需求与优势

一、智能仓储管理的核心需求

(一)提高仓储效率

1. 自动化设备和智能识别技术的应用

在传统仓储模式中,人工操作、纸质单据的烦琐流程以及落后的管理方式,往往导致效率低下和易出错等问题。这些问题不仅增加了人工成本和时间成本,还影响了货物的周转率和客户满意度。为了解决这些问题,智能仓储管理引入了物联网、大数据等先进技术,实现了货物入库、出库、盘点等操作的自动化。通过自动化设备,如智能叉车、搬运机器人等,智能仓储管理系统能够完成货物的快速搬运和分拣。同时,智能识别技术,如 RFID 标签、图像识别等,使得货物的精准定位和追踪成为可能。通过这些技术,管理人员可以实时掌握货物的位置和状态,大大提高了货物的处理速度和准确性。

2. 数据分析技术实现库存优化和预警

数据分析技术也是提高仓储效率的重要手段。通过对大量历史数据和实时数据的分析,智能仓储管理系统可以实现库存的优化和预警。具体来说,系统可以根据货物的历史销售数据、季节性需求等因素,预测未来的库存需求,并自动调整库存量。这种优化不仅避免了库存积压和浪费,还确保了货物的及时供应。同时,数据分析技术还可以用于实时监测仓库的运行状态。一旦发现异常情况,如设备故障、货物丢失等,系统将立即触发预警机制,通知管理人员及时处理。这种预警机制不仅提高了仓库的安全性,也确保了仓储作业的连续性和稳定性。

3. 信息共享和协同实现供应链优化

要提高仓储效率,还需要与上下游企业进行信息的共享和协同。通过共享库存信息、需求预测和物流信息等信息资源,可以减少供应链的牛皮效应和信息孤岛现象。具体来说,当下游企业需求发生变化时,上游企业可以实时了解并调整生产计划,确保货物的及时供应。同时,通过共享物流信息,企业可以优化运输路线和配送计划,降低运输成本和时间成本。这种信息共享和协同不仅提高了整个供应链的效率和稳定性,还为企业带来了更多的商业机会和盈利空间。通过与上下游企业的紧密合作,企业可以更好地满足客户需求,提升市场竞争力。

(二)优化仓储成本

1. 减少人力与时间成本

在传统仓储管理中,人力和时间成本往往占据较大比重。人工搬运、分拣、记录等操作不仅效率低下,而且容易出错,导致时间成本上升。此外,随着业务量的增长,企业需要雇用更多员工来满足需求,进一步增加了人力成本。智能仓储管理通过引入自动化设备和智能识别技术,显著减少了人工参与和出错率。自动化设备如智能叉车、搬运机器人等可以高效地完成货物的搬运和分拣工作,大大节省了人力成本和时间成本。同时,智能识别技术如RFID 标签、图像识别等可以实现对货物的快速识别和追踪,减少了人工盘点和记录的工作量。这些技术的应用不仅提高了作业效率,还降低了出错率,为企业节省了大量人力和时间成本。

2. 降低空间与损耗成本

仓储空间是企业的重要资源之一,但在传统仓储管理中,空间利用率往往较低,导致空间成本上升。同时,货物在存储和搬运过程中容易发生损坏和丢失,增加了损耗成本。智能仓储管理通过精准的数据分析和预测,可以优化库存量和提高库存周转率。系统可以根据历史销售数据和市场需求预测未来的库存需求,从而合理安排货物的存储位置和数量。这种优化不仅提高了空间利用率,还降低了库存积压和浪费的风险。此外,通过实时监控货物的状态和位置,系统可以及时发现并处理货物的异常情况,如损坏、过期等,从而减少了损耗成本。

3. 实现供应链协同与成本优化

智能仓储管理还可以通过与上下游企业的协同和信息共享实现整个供应链的优化和降低成本。在传统供应链中,各企业之间往往存在信息孤岛现象和牛皮效应,导致供应链的运营成本和风险上升。通过共享库存信息、需求预测和物流信息等信息资源,智能仓储管理系统可以实现与上下游企业的紧密合作和协同。这种协同不仅可以减少供应链的牛皮效应和信息孤岛现象,还可以优化运输路线和配送计划,降低运输成本和时间成本。同时,通过共享设备和人力资源等实现规模经济效应和资源共享效益,进一步降低整个供应链的运营成本和风险。

(三)控制仓储风险

1. 实时跟踪与监控货物信息

在仓储过程中,货物丢失、损坏和过期等风险时有发生。这些风险不仅会导致企业面临财务损失,还可能损害企业的声誉和客户关系。一旦货物发生异常情况,如丢失、损坏或过期等,系统可以立即发出警报并通知管理人员进行处理。这种实时跟踪和监控的手段不仅提高了企业对货物风险的应对速度和处理效率,还有效降低了货物损失的风险。此外,实时跟踪和监控货物信息还有助于企业优化库存管理和提高客户满意度。通过实时掌握货物的动态信息,企业可以更加精准地进行库存预测和调度安排,避免库存积压和缺货现象的发生。同时,当客户查询货物信息时,企业可以提供准确、及时的反馈,从而增强客户对企业的信任感和满意度。

2. 精准监测与预警仓库环境

仓库环境也是影响仓储安全的重要因素之一。温度、湿度、光照等环境因素的变化都可能对货物造成损坏或过期等问题。因此,智能仓储管理需要利用数据分析技术实现对仓库环境的精准监测和预警。这些数据经过处理后,可以为管理人员提供仓库环境的实时状态报告和预警信息。这种精准监测和预警的手段不仅避免了因环境因素导致的货物损坏或过期等问题,还提高了企业对仓库环境风险的应对能力和处理效率。

3. 建立完善的安全管理体系和应急预案机制

为了更加全面地控制仓储风险,智能仓储管理还需要建立完善的安全管理体系和应急预案机制。这些体系和机制包括定期的安全检查、员工培训、安全演练以及应急预案的制定和实施等。通过定期的安全检查,企业可以及时发现并消除潜在的安全隐患;通过员工培训和安全演练,企业可以增强员工的安全意识和应对能力;通过制定和实施应急预案,企业可以在突发事件发生时迅速做出反应并降低损失。这些安全管理措施不仅体现了企业对安全的重视和投入,也为企业带来了更多的安全保障和商业机会。在这种安全管理体系下,企业可以更加放心地开展仓储业务,并为客户提供更加优质、可靠的服务。

二、智能仓储管理的优势

(一)提高作业效率

1. 自动化识别、定位与追踪

在传统仓储模式中,人工搬运、分拣和记录是常态,但这些操作不仅效率低下,而且容易出错。智能仓储管理的出现彻底改变了这一现状。利用物联网技术,智能仓储管理系统实现了货物的自动识别、定位和追踪。通过 RFID 标签、传感器等设备,系统可以实时感知货物的状态、位置和数量,无须人工逐一扫描或记录。这种自动化的识别方式不仅大大提高了作业效率,还显著降低了出错率。此外,自动化设备的引入更是将仓储作业推向了新的高度。智能叉车、机器人等自动化设备可以 24 小时不间断工作,不受时间和人力的限制。它们可以准确地执行搬运、分拣等任务,极大地提高了货物的处理速度和吞吐量。这种自动化的作业方式不仅减少了人工成本,还避免了因人为因素导致的作业延误或错误。

2. 仓库布局与货物存储优化

智能仓储管理系统还能对仓库布局和货物存储进行优化。在传统仓储模式中,货物的存储位置和数量往往依靠人工经验来安排,这种方式既不科学也不高效。而智能仓储管理系统通过大数据分析技术,可以根据货物的特性、存取频率等因素,自动调整货物的存储位置和数量。系统可以将高频存取的货物放置在离出入口较近的位置,以便快速存取;而将低频存取的货物放置在较远的位置,以节省空间。这种优化不仅减少了人工搬运的距离和时间,还提高了仓库的空间利用率和作业效率。同时,系统还可以根据货物的特性和存储要求,自动调整仓库的温度、湿度等环境因素,确保货物的存储环境始终处于最佳状态。

3. 智能化管理与决策支持

智能仓储管理系统不仅实现了仓储作业的自动化和优化,还提供了智能化的管理和决策支持功能。通过实时采集和分析仓库的各项数据,系统可以为管理人员提供准确、及时的决策支持信息。同时,系统还可以监测仓库的运行状态和设备性能,及时发现并处理潜在的问题和故障,确保仓库的稳定运行和作业效率。同时,智能化管理和决策支持功能的应用更是为企业带来了更多的商业机会和竞争优势。因此,智能仓储管理已成为现代企业不可或缺的重要管理工具之一。

(二)降低运营成本

1. 减少人工成本

在传统仓储模式中,人工成本往往占据较大比重,且随着业务量的增长而不断增加。然而,智能仓储管理的引入,特别是自动化设备和智能化系统的应用,使得大量原本需要人工完成的操作得以被机器替代。例如,智能叉车、搬运机器人等自动化设备可以高效地完成货物的搬运、分拣和堆码等任务,而无须人工介入。这不仅大大提高了作业效率,还显著减少了企业对大量员工的依赖,从而降低了人工成本。此外,智能仓储管理系统还能通过智能调度和优化算法,合理安排设备的运行路径和任务分配,使得设备的利用率达到最大化。这种智能化的管理方式不仅减少了设备的空闲时间和能耗,还进一步降低了人工成本和设备维护成本。

2. 优化库存降低库存成本

库存成本是企业运营成本的重要组成部分,过高的库存不仅会导致资金占用和财务风险,还可能因市场变化而导致库存积压和损失。然而,智能仓储管理通过精准的数据分析和预测,实现了库存的优化和减少库存积压。智能仓储管理系统可以根据历史销售数据、市场需求预测以及供应链信息等多维度数据,建立精确的库存预测模型。同时,智能仓储管理系统还能通过实时监控货物的状态和位置信息,及时发现并处理货物的异常情况。这种管理方式不仅可以避免因货物过期、损坏等问题而导致的损失和风险,还可以确保库存数据的准确性和实时性,为企业决策提供有力支持。

3. 减少物料浪费和损耗以及优化能源使用

智能仓储管理还能在减少物料浪费和损耗以及优化能源使用方面发挥重要作用。具体来说,通过实时监控货物的状态和位置信息以及精准的数据分析技术,智能仓储管理系统可以及时发现并处理货物的异常情况如损坏、过期等。这不仅可以减少物料的浪费和损耗降低运营成本,还可以避免因货物问题而导致的客户投诉和退货等风险,提升客户满意度和忠诚度。此外,在能源使用方面,智能仓储管理系统可以对仓库的照明、空调等设备进行智能控制。通过实时感知仓库内的环境参数和货物状态信息,系统可以自动调节设备的运行模式和参数设置使得设备的能耗达到最优化。这种智能化的能源管理方式不仅可以降低运营成本还可以减少能源消耗和排放,对环境保护也具有重要意义。

(三)增强仓储安全

1. 实时跟踪与监控,确保货物安全与完整

一旦货物出现异常或丢失等情况,系统可以迅速定位并发出警报,以便管理人员及时采取措施进行处理。这种实时跟踪和监控的手段不仅提高了企业对货物安全的掌控能力,还有效降低了货物丢失或损坏的风险。此外,智能仓储管理系统还可以对货物的运输过程进行全程监控。通过与运输车辆的 GPS 定位系统相结合,系统可以实时掌握货物的运输轨迹和状态,确保货物在运输过程中的安全。同时,系统还可以对运输过程中的异常情况进行预警和处理,如交通拥堵、天气变化等,从而避免因运输问题导致的货物延误或损失。

2. 实时监测与预警,防范环境因素导致的安全事故

除了对货物本身的安全进行保障外,智能仓储管理还注重对仓库环境的实时监测和预警。仓库内温度、湿度、烟雾等环境因素的变化都可能对货物造成损坏或引发火灾等安全事故。这种精准的环境监测和预警手段有效避免了因环境因素导致的货物损坏或火灾等安全事故的发生,为企业的仓储安全提供了有力保障。

3. 实现仓库区域的严格管理

智能仓储管理在安全防护方面采取了全面的措施和手段。通过引入先进的安防设备和系统,如视频监控、入侵监测等,智能仓储管理系统实现了对仓库的全面安全防护。视频监控可以实时记录仓库内的活动情况,为管理人员提供直观的监控画面;入侵监测系统则可以及时发现并处理未经授权的访问或入侵行为。这些安防设备和系统的引入大大提高了仓库的安全性和防范能力。同时,智能仓储管理系统还对仓库的进出人员进行了严格管理和控制。通过身份认证、权限设置等手段,系统确保只有授权人员才能进入仓库区域。此外,系统还可以对进出人员的活动轨迹进行记录和分析,以便发现异常行为并及时处理。这种严格的安全管理措施不仅保障了货物的安全,也为企业提供了重要的安全保障。

三、物联网技术在智能仓储中的具体应用

(一)智能感知与数据采集

在智能仓储管理中,物联网技术首先应用于智能感知与数据采集环节。通过在仓库内部署各类传感器、RFID 标签等智能设备,可以实时感知货物的状态、位置、数量等信息。这些数据经过采集、处理后,将为后续的仓储决策提供重要依据。传感器可以用于监测仓库的温度、湿度、光照等环境参数,确保货物在适宜的条件下存储。同时,通过在货物上粘贴 RFID 标签,可以实现对货物的自动识别、追踪和定位。与传统的人工盘点相比,这种方式不仅大大提高了效率,而且降低了出错率。这样一来,管理者可以随时随地掌握货物的最新动态,为后续的调度、配送等决策提供有力支

持。这种智能化的数据采集和处理方式不仅提高了仓储管理的精准度和实时性,也为实现仓储作业的自动化和智能化奠定了基础。

(二)仓储作业流程自动化

物联网技术的另一个重要应用是实现仓储作业流程的自动化。在传统的仓储管理中,人工搬运、分拣、记录等操作占据了大量时间和人力成本,而且容易出错。而物联网技术可以通过自动化设备替代人工完成这些重复性、低附加值的工作。例如,通过引入智能叉车、搬运机器人等自动化设备,可以实现货物的自动搬运、分拣和堆码。同时,物联网技术还可以应用于智能仓储系统的调度和优化中。通过对货物信息的实时分析,系统可以自动调整货物的存储位置和搬运路线,以提高作业效率和空间利用率。这种自动化的仓储作业流程不仅大大提高了作业效率和质量,而且降低了人工成本和出错率,为企业带来了显著的经济效益。

(三)仓储安全监控与预警

仓储安全是智能仓储管理中不可忽视的重要环节。物联网技术在仓储安全监控与预警方面也发挥着重要作用。通过在仓库内部署各类监控设备,如视频监控、烟雾探测器等,可以实时监控仓库的安全状况。一旦发现异常情况,系统将立即触发预警机制,及时通知管理人员进行处理。一旦发现货物丢失、损坏等异常情况,系统将迅速定位并报警,以便及时采取措施进行处理。这种智能化的安全监控和预警机制不仅提高了仓储的安全性,也为企业避免了潜在的经济损失和声誉风险。

第二节　物联网技术在智能仓储管理中的具体应用

一、货物实时跟踪与智能识别

（一）RFID 技术的应用实现货物实时跟踪

1. 货物信息的实时获取与跟踪

在智能仓储管理中,货物的实时信息对于提高管理效率和准确性至关重要。通过在货物上粘贴 RFID 标签,仓库管理人员可以利用 RFID 阅读器对货物进行快速扫描和识别,实时获取货物的位置信息、数量以及其他相关信息,如生产日期、批次号和保质期等。这种实时跟踪的能力使得管理人员能够随时了解货物的动态,确保货物在仓库中的流转过程得到有效监控。此外,RFID 技术的非接触式识别特点使得它能够在一定距离内对多个标签进行同时识别,大大提高了扫描效率。相比传统的条形码扫描方式,RFID 技术无须将阅读器对准每个标签进行逐一扫描,而是可以通过一次性扫描多个标签来快速完成货物的识别和计数。这种高效准确的识别方式不仅减少了人工操作的错误率,还提高了仓库的作业效率。

2. 自动化入库、出库与盘点流程的实现

RFID 技术与仓储管理系统的结合,使得仓库的入库、出库和盘点流程实现了自动化。当货物进入仓库时,RFID 阅读器会自动扫描标签并获取货物的信息,然后将这些信息上传到仓储管理系统中。系统根据货物的信息自动分配存储位置,并生成相应的入

库记录。这一自动化的入库流程不仅减少了人工操作的环节,还确保了货物信息的准确性和一致性。在出库时,管理人员只需在系统中输入订单信息,系统就会自动定位货物的位置并生成出库指令。智能叉车或机器人根据指令自动搬运货物到出库口,完成出库操作。这种自动化的出库流程不仅提高了作业效率,还避免了因人为因素导致的出库错误。在盘点时,管理人员只需手持RFID阅读器对货物进行扫描,就可以快速准确地获取货物的数量和状态信息。与传统的手工盘点方式相比,RFID技术大大提高了盘点的效率和准确性,减少了因人为因素导致的盘点误差。

3. 提升仓储管理的智能化水平

RFID技术的应用不仅提高了仓储管理的效率和准确性,还为仓库的智能化管理奠定了基础。通过与仓储管理系统的深度整合,RFID技术可以实现对货物信息的实时采集、传输和处理,为管理人员提供全面、准确的货物信息。这些信息不仅可以用于日常的入库、出库和盘点操作,还可以为企业的采购、销售和库存决策提供有力支持。此外,RFID技术还可以与其他智能化技术相结合,如物联网、大数据和人工智能等,进一步提升仓储管理的智能化水平。例如,通过利用大数据技术对货物信息进行深入挖掘和分析,可以发现货物的流转规律和市场需求趋势,为企业的战略决策提供有力支持。同时,通过利用人工智能技术中的机器学习和深度学习算法,可以对货物的识别、分类和预测进行智能化处理,进一步提高仓储管理的智能化水平。

(二)实现货物状态实时监测

1. 传感器网络的构建与货物状态感知

传感器网络是由大量分布在不同位置的传感器节点组成,这些节点通过无线或有线方式相互连接,形成一个能够感知、传输和处理信息的网络系统。在智能仓储中,传感器网络的构建通常包括传感器的选型与部署、数据传输网络的设计以及数据处理中心的建设等环节。为了实现对货物状态的全面感知,需要在货物上或仓储环境中部署多种类型的传感器,如温湿度传感器、压力传感器、位移传感器等。这些传感器能够实时感知货物的温度、湿度、压力、位置等状态信息,并通过网络将这些信息传输到数据处理中心。在那里,这些信息经过处理后,可以为仓储管理人员提供货物的实时状态视图。

2. 实时监测与预警机制的建立

基于传感器网络的实时监测是确保货物状态安全的重要手段。一旦货物状态出现异常,如温度过高、湿度过大或压力过大等,传感器网络能够立即感知到这些变化,并通过预警机制及时向管理人员发送报警信息。预警机制的建立通常依赖于预设的阈值或规则。当传感器监测到的数据超过这些阈值或违反规则时,系统就会自动触发报警流程,如发送短信、邮件或声光报警等。这种实时监测与预警机制能够确保管理人员在第一时间了解到货物状态的异常情况,从而采取相应的措施来避免潜在的损失和风险。

3. 数据分析与仓储管理优化

传感器网络收集的大量数据还可以用于仓储管理的优化。通过对这些数据进行深入的分析和挖掘,可以发现货物状态的变化规律、仓储环境的影响因素以及仓储操作的效率瓶颈等。基于这些分析结果,仓储管理人员可以采取相应的措施来优化仓储流程、改善仓储环境或提高仓储效率。例如,通过调整货物的存储位置或改善仓储设施的通风条件来优化货物的温湿度环境;通过优化叉车的路径或提高搬运效率来减少仓储操作的时间和成本。这些优化措施不仅能够提高仓储管理的效率和质量,还能够降低企业的运营成本和风险。

(三)数据分析与挖掘实现货物智能识别与预测

1.基于历史数据的货物智能识别

在仓储管理中,货物的识别是确保库存准确性和高效流转的基础。传统的货物识别方法往往依赖于人工操作和经验判断,存在效率低下和容易出错的问题。而数据分析与挖掘技术的应用,使得货物的智能识别成为可能。通过对历史数据的分析,仓储管理系统可以建立货物的识别模型。这些模型基于货物的各种特征,如外观、重量、尺寸等,利用机器学习算法进行训练和优化。当新的货物进入仓库时,系统可以通过对比货物的特征与模型中的数据进行快速准确的识别。这种基于历史数据的智能识别方法不仅提高了识别的准确性和效率,还减少了人工操作的干预和成本。

2.库存需求与销售趋势的预测分析

数据分析与挖掘在仓储管理中的另一个重要应用是库存需求与销售趋势的预测分析。通过对历史销售数据、市场趋势、季节性因素等多种数据的综合分析,仓储管理系统可以建立预测模型,预测未来一段时间内的库存需求和销售趋势。这些预测结果对于企业的库存管理至关重要。一方面,准确的库存需求预测可以避免库存积压和缺货现象的发生,确保企业的正常运营;另一方面,销售趋势的预测可以帮助企业制订更合理的采购计划和销售策略,提高市场竞争力。通过数据分析与挖掘技术实现的预测分析功能,使得企业的库存管理更加科学、精准和高效。

3. 智能推荐与决策支持系统的构建

数据分析与挖掘还可以帮助企业构建智能推荐与决策支持系统。这些系统通过对大量数据的深入挖掘和分析,发现货物之间的关联规则、消费者的购买偏好以及市场的潜在需求等信息。基于这些信息,智能推荐系统可以向消费者推荐他们可能感兴趣的货物或组合套餐,提高销售额和客户满意度。而决策支持系统则可以为企业的战略决策提供数据支持,如选择哪些货物进行重点推广、如何调整库存结构以应对市场变化等。这些智能系统的构建使得企业的决策更加科学、合理和高效。通过基于历史数据的智能识别、库存需求与销售趋势的预测分析以及智能推荐与决策支持系统的构建等功能的应用,企业可以实现更精准、高效的仓储管理,提高市场竞争力并降低运营成本。随着技术的不断发展和创新,数据分析与挖掘在智能仓储管理中的应用将更加广泛和深入。

二、仓库环境智能监控与调节

(一)物联网技术实现仓库环境参数的实时监测

物联网技术通过部署温度、湿度、烟雾、光照等各类传感器,构建了一个全面覆盖仓库各角落的感知网络。这些传感器能够实时、准确地监测环境参数的变化,并将数据通过无线网络传输到仓储管理系统中。管理人员不再需要依赖传统的手持设备或人工巡检来获取环境数据,而是可以通过系统界面直观地查看实时数据和历史记录,从而全面掌握仓库环境的状况。实时监测不仅提高了数据获取的效率和准确性,还为及时发现潜在的安全隐患提供了可能。例如,当仓库内某区域的温度持续升高时,系统可以迅速识别出这一异常趋势,并通知管理人员及时采取措施防止火灾等安全事故的发生。

(二)智能化分析与报警机制保障货物存储安全

仓储管理系统不仅接收和存储传感器数据,还具备强大的数据分析处理能力。系统可以根据预设的环境阈值对数据进行实时分析,判断当前环境是否适宜货物的存储。一旦某个参数超过预设的安全范围,系统就会自动触发报警机制,通过声光报警、短信通知等方式迅速告知管理人员。这种智能化的分析与报警机制大幅提升了仓库环境管理的及时性和有效性。管理人员可以在第一时间对异常环境做出响应,如调整空调温度、开启通风设备等,从而确保货物的存储安全。同时,系统还可以记录每一次报警的处理过程和结果,为日后的环境管理提供宝贵的经验和数据支持。

(三)物联网技术与智能设备的联动提升能源利用效率

物联网技术的另一大优势在于其能够与智能空调系统、通风设备等实现无缝对接和联动控制。通过仓储管理系统,管理人员可以根据仓库内的实际环境参数远程调节空调的温度和风速、控制通风设备的开关等。这种智能化的调节方式不仅确保了仓库环境的舒适性和安全性,还在很大程度上提高了能源的利用效率。在夏季高温时段,系统可以自动调节空调的运行模式,确保仓库内温度保持在适宜范围内的同时减少不必要的能耗。当仓库内烟雾浓度过高时,系统可以自动启动排烟设备并通知消防部门介入处理,从而在最短时间内消除安全隐患并保障货物的安全。物联网技术在仓库环境的智能监控与调节方面发挥着举足轻重的作用。通过实时监测环境参数、智能化分析与报警以及与智能设备的联动控制等功能的应用，物联网技术不仅保障了货物的存储安全和管理效率的提升，还为仓库的节能减排和可持续发展做出了积极贡献。

三、智能安防与人员管理

（一）智能安防系统的构建与实时监控

1. 视频监控的实时记录与高清呈现

视频监控是智能安防系统的重要组成部分，通过高清摄像头实时记录仓库内的活动情况。这种记录不仅为管理人员提供了直观的仓库现场情况，使得他们可以随时了解仓库的实时动态，同时也为事后调查和分析提供了有力的视频证据。在发生安全事件时，管理人员可以通过回放视频录像，迅速查明事件经过和责任人，从而及时采取措施进行处理。此外，随着视频监控技术的不断发展，现在的监控系统还可以实现远程监控和移动监控。管理人员可以通过手机或电脑随时随地查看仓库的监控画面，实现对仓库的实时掌控。这种灵活性不仅提高了管理效率，也增强了仓库的安全性。

2. 入侵检测的实时监测与智能预警

入侵检测系统是智能安防系统中的另一重要组成部分，通过布设在仓库关键区域的传感器和摄像头，实时监测潜在的入侵行为。这些传感器和摄像头能够捕捉到仓库内的各种异常信号，如非法闯入、异常移动等，一旦检测到异常，系统会立即触发报警机制。报警机制的实现方式多种多样，可以通过短信、邮件或手机App 等方式及时通知管理人员。这种实时性确保了管理人员能够在第一时间做出响应，采取有效措施阻止入侵行为的发生或减轻其带来的损失。同时，入侵检测系统还可以与门禁系统等其他安防设备进行联动控制，实现更加智能化的安全防护。

3. 智能安防系统的深度融合与联动控制

物联网技术的应用使得智能安防系统具备了与其他智能设备深度融合和联动控制的能力。通过与仓储管理系统的深度融合，安防系统可以实现与其他智能设备的无缝对接和协同工作。例如，在发生安全事件时，安防系统可以自动关闭门窗、启动应急照明等设备，为管理人员提供便利的同时也为仓库的安全提供了有力保障。此外，物联网技术还使得安防系统具备了智能化的分析和学习能力。通过大数据分析和人工智能算法的应用，系统可以对监控画面中的异常行为进行自动识别和预警。这种智能化水平不仅提高了安防系统的准确性和效率性，也为仓库的安全防护提供了更加全面和深入的支持。

（二）人员管理与作业效率的提升

1. 实时定位与员工状态监控

在智能仓储管理中，物联网技术的一个重要应用是给员工配备 RFID 胸卡、手环等可穿戴设备。这些设备不仅具有身份识别功能，更重要的是，它们能够通过无线信号实时传输员工的位置和活动轨迹信息。通过部署在仓库内的接收器或定位系统，管理人员可以实时监控员工的分布和工作状态。这种实时定位技术的运用，为管理人员提供了极大的便利。例如，在拣货过程中，系统可以根据员工的位置和订单信息,智能地分配任务给距离最近的员工,从而减少了员工的不必要移动和等待时间,大大提高了拣货效率。同时,管理人员还可以根据员工的实时位置数据,优化工作流程和作业路径,进一步提高仓库的整体作业效率。

2. 自动考勤与工作效率分析

物联网技术还能够对员工的出入时间、工作时长等进行自动统计和分析。通过设置在仓库入口和出口处的 RFID 读写器,系统可以准确记录员工的出入时间,并结合工作时长数据,为员工考勤提供准确、客观的依据。这不仅避免了传统考勤方式中可能存在的人为误差和舞弊行为,也大大简化了考勤管理流程,提高了管理效率。同时,通过对员工工作效率、工作量等指标的量化分析,企业可以更加科学地评估员工的工作表现,为薪酬制度、奖惩机制以及培训计划的制订提供有力的数据支持。这种基于数据的管理方式,不仅更加公正、透明,也能够更有效地激励员工提升工作效率。

3. 智能化管理与协同作业效率的提升

物联网技术在智能仓储人员管理中的应用,不仅提升了单个员工的工作效率,更重要的是实现了整个仓库作业流程的智能化管理和协同作业效率的提升。通过实时共享员工位置、工作状态和任务进度等信息,各个岗位之间的员工能够更加紧密地协作配合,减少了信息传递的延误和误差,提高了整体作业的协同性和效率。同时,物联网技术还能够与仓储管理系统等其他智能系统进行深度融合和互联互通。通过将人员管理数据与货物信息、环境监控数据等进行综合分析和处理,仓库可以实现更加精细化和智能化的管理决策,进一步提升运营效率和服务质量。

(三)物联网技术与智能仓储管理的深度融合

1. 与先进技术融合,实现智能化升级

物联网技术的核心是万物相连,它使得仓库中的每一个物体都能够被智能感知、识别和管理。而与云计算、大数据、人工智能等先进技术的深度融合,则为智能仓储带来了革命性的变革。利用深度学习算法对仓库中的监控视频进行智能分析,系统可以自动识别出货物堆放是否规范、员工操作是否得当等潜在的安全隐患。这种智能识别功能大大减少了人工巡检的工作量和错误率,提高了仓库的安全性。此外,大数据挖掘技术也为智能仓储管理提供了强大的支持。通过对仓库运营数据的分析和预测,企业可以更加准确地了解仓库的运营状况、货物存储和流转情况,从而为企业决策提供更加准确和有价值的信息支持。这种数据驱动的管理模式,使得仓库运营更加精准、高效。

2. 推动智能仓储向绿色环保方向发展

在全球倡导绿色环保的大背景下,智能仓储管理也积极响应这一号召,向更加绿色、环保的方向发展。物联网技术在这一转变中起到了关键的推动作用。智能照明系统是智能仓储绿色发展的典型应用之一。通过物联网技术,仓库内的灯光可以实现自动调节和智能控制。当仓库内光线充足时,系统会自动降低灯光亮度或关闭部分灯光,从而节省能源。同时,智能照明系统还可以根据员工的工作需求,提供舒适的视觉环境,提高工作效率。除此之外,智能温控系统也是智能仓储环保发展的重要举措。通过物联网技术,仓库内的温度可以实现精确控制和节能降耗。系统可以根据仓库内的货物存储要求和外界环境温度,自动调节仓库内的

温度,既保证了货物的存储质量,又降低了能源消耗。

3. 降低企业运营成本,提升竞争力

物联网技术在智能仓储管理中的应用,不仅提高了仓库的运营效率和安全性,还为企业带来了显著的经济效益。通过智能化升级和绿色发展,企业可以降低人工成本、能源成本和货物损耗成本等多个方面的运营成本。同时,智能仓储管理还提升了企业的竞争力。在快速变化的市场环境中,企业需要快速响应市场需求、准确掌握库存信息并做出决策。而物联网技术的应用使得企业能够实时了解仓库的运营状况和市场动态,从而做出更加迅速和准确的决策。这种实时性和准确性为企业赢得了市场竞争的先机。物联网技术在智能仓储管理中的应用将更加广泛和深入。它不仅与先进技术相融合实现智能化升级,还推动智能仓储向绿色环保方向发展,并为企业带来显著的经济效益和竞争力提升。随着技术的不断进步和市场的不断变化,我们有理由相信物联网技术将在智能仓储领域发挥更加重要的作用。

第五章　物联网技术在物流运输监控中的应用

第一节　物联网技术在物流运输监控中的应用方式

一、智能感知与实时定位

（一）智能感知技术实现货物状态实时监控

1. 智能传感器

温度传感器、湿度传感器、加速度传感器等，这些先进的感知设备被精心地安装在货物上，不断地监测着货物的温度、湿度、振动等关键参数。这些参数对于许多货物来说至关重要，特别是那些对环境条件敏感的物品，如食品、药品和精密仪器。这些智能传感器以极高的频率和精度记录着货物的状态变化，即使是最微小的变化也能被捕捉到。它们不仅提供了货物当前的实时状态，还能通过历史数据的分析，预测货物未来可能的状态趋势，为物流管理者提供了强大的决策支持。

2. 实时数据传输

物联网技术的另一个关键要素是实时数据传输。通过无线网络,智能传感器收集到的数据被即时、准确地传输到监控中心。这一过程无须人工干预,完全自动化进行,确保了数据的时效性和准确性。监控中心作为数据处理和管理的核心,接收并整合来自各个传感器的海量数据。通过先进的算法和模型,这些数据被转化为直观、易懂的图形和报表,为物流管理者提供了货物状态的全面视图。管理者可以随时随地通过电脑或移动设备访问这些数据,实时掌握货物的最新状态。

3. 安全与完整性的终极保障

物联网技术在物流运输中的应用,最终目的是确保货物的安全与完整。通过实时监控和数据分析,物流管理者可以在第一时间发现潜在的安全隐患和问题。例如,如果货物的温度突然升高或湿度异常,管理者会立即收到警报,并迅速采取措施防止货物受损。此外,物联网技术还能帮助管理者追踪货物的完整运输过程。通过加速度传感器记录的振动数据,可以分析出货物在运输过程中是否遭受了撞击或摔落。这些信息对于评估货物的完整性和质量至关重要,特别是在涉及易碎或高价值货物的运输中。物联网技术通过智能传感器、实时数据传输和强大的数据处理能力,为物流运输中的货物状态提供了全面、实时的监控。这不仅显著提高了物流管理的效率和准确性,更为货物的安全和完整提供了坚实的保障。随着技术的不断进步和应用范围的扩大,物联网在物流运输领域的前景将更加广阔。

（二）实时定位技术提升物流运输可靠性

1. 精确追踪,提升透明度

实时定位技术利用全球定位系统(GPS)、北斗导航等卫星导航系统,以及地面基站和通信网络,实现了对运输工具的精确追踪。无论是货车、船舶还是飞机,都可以通过安装定位设备,将其位置信息实时传输到物流管理系统。这种精确追踪的能力,使得物流管理者能够实时掌握货物的运输进度和准确位置,大幅提升了物流运输的透明度。

透明度的提升,意味着物流管理者可以更加准确地预测货物的到达时间,从而优化仓储和配送计划。同时,客户也可以通过查询系统了解货物的实时位置,增强了客户对物流服务的信任和满意度。

2. 风险预警,降低损失

实时定位技术不仅提供了运输工具的精确位置信息,还可以通过分析行驶数据,预测潜在的风险和延误情况。例如,当运输工具偏离预定路线或行驶速度异常时,系统可以立即发出警报,提醒物流管理者注意并采取措施。这种风险预警机制,有助于物流管理者及时发现并处理运输过程中的问题,从而降低货物损失和延误的风险。此外,实时定位技术还可以帮助物流管理者优化运输路径和调度计划。

3. 决策支持,提升可靠性

实时定位技术为物流管理者提供了丰富的数据支持,包括运输工具的位置、速度、行驶轨迹等。这些数据经过处理和分析后,可以为物流管理者提供有价值的决策支持。例如,通过对运输过程中的时间、成本、效率等关键指标进行实时监控和分析,物流管理者可以及时调整运输策略,优化资源配置,从而提升物流运输的可靠性。此外,实时定位技术还可以促进物流企业之间的信息共享和协同合作。通过构建物流信息平台,不同企业可以实时交换运输信息和资源需求,实现更加高效和可靠的物流运输服务。这种协同合作的模式,有助于提升整个物流行业的运输可靠性和效率。

(三)物联网技术助力物流运输安全性提升

1. 智能感知技术实时监测货物状态

这些传感器如同货物的"守护者",不断地监测着货物的状态变化,确保货物在运输过程中的安全。在运输易燃易爆物品等危险品时,温度和湿度是关键的安全参数。物联网技术的温度传感器和湿度传感器能够实时监测这些参数的变化,一旦发现异常情况,如温度过高或湿度过大,立即触发警报系统。物流企业可以迅速收到警报并采取措施进行处理,如调整运输环境的温度或湿度,从而避免事故的发生。这种实时监测和预警机制大大提高了物流运输的安全性。

2. 实时定位技术确保运输工具安全

运输工具的安全也是物流运输过程中不可忽视的一环。物联网技术的实时定位技术为运输工具的安全提供了有力保障。通过安装定位设备,如 GPS 定位器,物联网技术可以精确追踪运输工具的位置和行驶轨迹。物流企业的管理者可以实时掌握运输工具的动态信息,及时发现运输工具是否偏离预定路线或进入危险区域。一旦发现异常情况,管理者可以迅速采取措施进行干预和纠正,如调整行驶路线或增加安保措施,从而确保运输工具的安全。实时定位技术还可以帮助物流企业优化运输路径和调度计划。这种智能化的路径规划和调度优化有助于降低物流运输过程中的风险。

3. 数据分析提升安全管理水平

通过对这些数据进行分析和挖掘,物流企业可以发现潜在的安全隐患和风险因素,进而制定相应的预防措施和应对策略。例如,通过对历史运输数据的分析,物流企业可以识别出哪些路段或时间段容易发生事故或盗窃事件,从而在这些高风险区域加强安保措施。同时,通过对货物状态数据的分析,物流企业还可以了解货物的损耗情况和变化规律,为货物的包装和运输提供更为科学合理的建议。物联网技术在提升物流运输安全性方面发挥着重要作用。通过智能感知技术实时监测货物状态、实时定位技术确保运输工具安全以及数据分析提升安全管理水平等手段,物联网技术为物流企业的安全管理提供了有力支持。随着技术的不断发展和应用范围的扩大,相信未来物流运输将更加安全、高效和可靠。

二、智能调度与优化

(一)实时感知与智能调度

物联网技术的实时感知能力使得物流企业能够准确掌握货物的实时位置和运输状态。通过安装在运输工具上的传感器和 GPS 定位设备,物联网技术可以实时收集并传输货物的位置、速度、温度等信息。这些数据经过分析处理后,为智能调度系统提供了有力的数据支持。智能调度系统根据货物的实时位置和运输需求,可以动态调整运输路线和配送计划。例如,当某条运输路线出现拥堵或事故时,智能调度系统可以迅速调整运输路线,选择最优的替代路径,确保货物能够按时到达目的地。这种实时感知与智能调度的结合,大大提高了物流运输的灵活性和时效性。

（二）仓库管理的智能化

物联网技术在仓库管理中的应用也是其优化物流运输的重要手段之一。通过为货物贴上 RFID 标签，配合仓库内的读写器和无线通信网络，物联网技术可以实现对货物的快速识别和自动盘点。相比传统的人工盘点方式，这种方式不仅提高了仓库管理的效率，还减少了人为错误和货物丢失的风险。此外，物联网技术还可以对仓库内的环境进行实时监测和控制。例如，通过温度和湿度传感器，可以实时监测仓库内的温度和湿度变化，确保货物在适宜的环境中存储。同时，物联网技术还可以对仓库的出入库流程进行智能化管理，实现货物的快速、准确流转。

（三）数据分析与优化决策

通过对运输工具、仓库、配送中心等物流资源的实时感知和数据分析，物流企业可以深入了解物流运输过程中的瓶颈和问题所在。基于这些数据，物流企业可以制订更加科学合理的运输计划和配送策略，实现资源的优化配置和高效调度。此外，物联网技术还可以帮助物流企业进行风险预测和管理。通过对历史数据的分析和挖掘，物联网技术可以预测未来可能出现的运输风险和延误情况，并提前制定相应的应对措施。这种基于数据的优化决策方式，不仅提高了物流企业的应对能力，还降低了物流成本和风险。

三、安全与质量控制

（一）实时监控确保货物安全

在物流运输过程中，货物的安全是至关重要的。物联网技术的应用为货物的实时监控提供了可能。通过在运输工具上安装摄像头和各类传感器,物联网技术可以实时监控货物的装载、运输和卸载过程,确保货物在运输途中不被盗或损坏。这种实时监控不仅可以及时发现并处理潜在的安全隐患,还能在货物发生异常情况时迅速采取措施进行干预,从而最大程度地保障货物的安全。此外,物联网技术还可以通过实时定位技术,精确掌握运输工具的位置和行驶轨迹。这有助于物流企业对运输过程进行更加精细化的管理和控制,确保货物能够按照预定的路线和时间安全到达目的地。

(二)温湿度监控保障货物质量

对于食品、药品等需要严格控制温度和湿度的货物来说,运输过程中的温湿度变化对货物质量的影响是巨大的。物联网技术的应用为这类货物的质量控制提供了有力的支持。通过为货物配备温湿度传感器,并实时监控货物的温湿度变化,物联网技术可以确保货物在运输过程中的质量稳定。一旦出现温湿度异常情况,监控中心可以立即收到警报,并迅速采取措施进行调整和处理。这不仅可以避免货物因温湿度变化而受损,还能确保货物在到达目的地时仍然保持原有的质量和品质。这种对货物质量的精确控制,不仅提高了物流企业的服务质量,也增强了客户对物流企业的信任和满意度。

(三)建立可追溯的物流体系

物联网技术还可以帮助物流企业建立可追溯的物流体系。通过为每个货物分配唯一的标识码,并记录其在物流过程中的所有信息,物联网技术可以实现对货物的全程追溯。这不仅有助于物流企业提高服务质量和客户满意度,还能在出现问题时迅速定位原因并采取措施。可追溯的物流体系使得物流企业能够更加清晰地掌握货物的来源、去向和状态,为货物的安全管理提供了有力的支持。同时,这种体系也有助于提高物流企业的透明度和信誉度,增强客户对企业的信任和忠诚度。在竞争激烈的物流市场中,建立可追溯的物流体系无疑是物流企业提升自身竞争力的重要手段之一。物联网技术在物流运输安全与质量控制中的应用已经日益广泛和深入。通过实时监控确保货物安全、温湿度监控保障货物质量以及建立可追溯的物流体系等手段,物联网技术为物流运输的安全与质量控制提供了强有力的支撑和保障。随着物联网技术的不断发展和完善以及其在物流运输领域应用的深入拓展,相信未来物流运输将更加安全、高效和可靠。

第二节　物联网技术提升物流运输安全与效率的分析

一、智能监控提升物流运输安全

(一)实时感知确保货物状态安全

物联网技术的实时感知能力,使得货物在运输过程中的状态变化得以实时监控。通过为货物配备各种智能传感器,如温度传感器、湿度传感器、震动传感器等,物流管理者可以实时获取货物的状态信息。这些传感器如同货物的"守护者",不断地监测着货物的状态变化,并将数据传输至物流管理系统。一旦货物状态出现异常,如温度过高、湿度过大或遭受剧烈震动,系统立即触发警报,通知物流管理者采取相应措施进行处理。这种实时感知和预警机制,极大地提高了货物在运输过程中的安全性。此外,实时感知技术还可以应用于对运输环境的监测。例如,在运输易腐货物时,通过实时监测车厢内的温度和湿度变化,物流管理者可以确保货物始终处于适宜的运输环境中,避免因环境变化导致的货物损坏或变质。这不仅提高了货物的安全性,也保证了货物的质量和品质。

(二)智能分析预防潜在安全隐患

物联网技术的智能分析能力也为物流运输安全提供了有力支持。通过对收集到的货物状态数据和环境数据进行智能分析,物流管理系统可以识别出潜在的安全隐患和风险因素。例如,通过对历史数据的分析,系统可以预测出某些路段或时间段内发生事故的概率,从而提醒物流管理者在这些高风险区域加强安保措施。这种基于数据的智能分析和预测能力,有助于物流管理者及时发现并处理潜在的安全问题,防患于未然。同时,智能分析还可以应用于对运输工具的安全评估。通过对运输工具的行驶数据、维护记录等进行分析,物流管理者可以评估出运输工具的安全性能和可靠性。这有助于及时发现并处理存在安全隐患的运输工具,避免因车辆故障或性能问题导致的安全事故。

(三)可追溯性提升安全管理水平

物联网技术的另一个重要应用是实现物流运输的可追溯性。通过为每个货物配备唯一的标识码和智能标签,物流管理者可以实时追踪货物的运输轨迹和状态变化。一旦发生安全事故或货物丢失等情况,物流管理者可以迅速追溯货物的运输历史,查找问题根源并采取相应的补救措施。这种可追溯性不仅提高了物流运输的安全性,也为物流管理者提供了有力的管理手段。同时,可追溯性还有助于提升物流企业的安全管理水平。通过对历史运输数据的分析和挖掘,物流企业可以发现自身在安全管理方面存在的不足和漏洞,进而制定相应的改进措施和应对策略。这种基于数据的持续改进和优化过程,有助于物流企业不断提升自身的安全管理水平和市场竞争力。

二、优化路径规划提高物流运输效率

(一)实时数据收集与分析,动态优化运输路径

物联网技术的核心在于其能够实时收集并分析大量数据。在物流运输中,这些数据包括交通流量、路况、天气条件等,它们对运输路径的选择和优化具有至关重要的影响。通过部署在道路上的传感器、车载设备和移动通信网络,物联网技术能够实时获取这些关键信息,并将其传输到中央处理系统进行分析。基于这些数据,物流管理者可以动态地调整运输路径,避开拥堵和危险路段,选择最快捷、最安全的路线。与传统的基于历史数据和经验判断的路径规划方法相比,物联网技术的实时数据分析更加准确、可靠,能够更好地适应不断变化的交通状况。此外,物联网技术还可以通过与其他信息系统的集成,实现更高级别的路径优化。例如,通过与智能交通系统(ITS)的集成,物联网技术可以获取更全面的交通信息,包括实时交通信号控制、紧急车辆通行等,从而进一步优化运输路径和提高运输效率。

(二)智能调度系统,提升车辆配载与调度效率

物联网技术还可以通过智能调度系统优化车辆的配载和调度。在传统的物流运输中,车辆的配载和调度往往依赖于人工经验和手动操作,效率低下且容易出错。而物联网技术的应用则改变了这一现状。通过实时掌握货物的重量、体积、目的地等信息,物联网技术可以帮助物流管理者更加合理地安排车辆的装载顺序和运输计划。智能调度系统能够根据这些信息自动计算最佳配载方案,确保每辆车都能达到最大装载率,同时满足运输时效和成本要求。此外,智能调度系统还可以根据实时交通信息和客户需求进行动态调整。例如,当某一路段出现严重拥堵时,系统可以自动调整运输计划,选择其他路线或调整配送时间窗口,以确保货物按时送达客户手中。这种灵活性和响应速度大大提高了物流运输的可靠性和客户满意度。

(三)提升市场竞争力与客户满意度

物联网技术在物流运输路径规划与优化中的应用不仅提高了运输效率和降低了成本,还为企业带来了市场竞争力和客户满意度的提升。首先,通过实时数据分析和智能调度系统的应用,企业能够更加准确地预测运输时间和成本,从而为客户提供更可靠、更透明的服务。这有助于增强客户对企业的信任度和忠诚度。其次,物联网技术的应用使得企业能够更好地满足客户的个性化需求。通过实时掌握货物的状态和位置信息,企业可以为客户提供定制化的配送服务和灵活的交付选项。这种以客户为中心的服务模式有助于提升客户满意度和市场份额。最后,物联网技术还有助于企业实现供应链协同和信息共享。通过与供应商、生产商、销

售商等合作伙伴共享实时数据和信息,企业可以共同应对市场变化和风险挑战,提高整个供应链的韧性和灵活性。这种协同合作不仅降低了运营成本和风险,还为企业带来了更多的商业机会和竞争优势。

三、信息共享促进物流运输协同

(一)提升物流运输的安全性和透明度

1. 确保运输过程透明可控

物联网技术通过构建物流信息平台,打破了传统物流管理中信息孤岛的壁垒。在这一平台上,货物的状态信息、位置信息以及运输过程中的各种关键数据都能被实时采集并共享给相关方。这种实时信息共享机制使得各方能够共同监控货物的运输过程,确保每一个环节都在可控范围内。一旦发现货物状态异常或运输轨迹偏离预定路线,信息平台会立即发出预警,相关方可以迅速响应,采取措施进行处理。这种实时监控和预警机制极大地提高了物流运输的安全性,降低了货物丢失、损坏等风险。同时,实时信息共享还有助于优化运输路径和调度计划,提高物流效率,进一步降低运输成本。

2. 智能标签与唯一标识提升货物可追溯性

在物流信息平台上,每一件货物都被赋予了唯一的标识码和智能标签。这些标识码和标签中存储了货物的详细信息,包括生产日期、目的地、运输要求等。通过扫描标签或输入标识码,各方可以迅速获取货物的相关信息,了解其在供应链中的流转情况。此外,智能标签还具有防伪和防篡改功能,确保货物信息的真实性和完整性。一旦发生事故或纠纷,各方可以利用物流信息平台迅速追溯货物的运输轨迹和历史状态,明确责任归属。这种可追溯性不仅提高了物流运输的安全性,也为解决物流纠纷提供了有力的证据支持。

3. 协同合作强化物流安全管理

在这个平台上,供应商、生产商、物流企业、销售商和消费者等各方可以实时交换和共享信息,共同应对物流运输过程中的安全挑战。通过协同合作,各方可以更加紧密地配合,共同制定和执行物流安全管理制度和措施。例如,针对高风险货物或特殊运输需求,各方可以共同制定专门的运输方案和应急预案,确保货物的安全运输。同时,协同合作还有助于提高物流运输的效率和准确性,降低运营成本和风险。

(二)优化供应链流程,提高物流效率

1. 实时信息共享助力精准决策

在传统的供应链管理中,由于信息的不对称和传递时滞,供应商、生产商和物流企业往往难以准确预测市场需求和制订合理的生产、库存及运输计划。这导致了库存积压、缺货现象以及运输效率低下等问题。而物联网技术的应用则彻底改变了这一现状。通过物流信息平台,供应商和生产商可以实时共享库存信息和销售信息。这使得他们能够更加准确地掌握市场需求的变化趋势,进而制订出更加合理的生产计划和库存策略。基于实时数据的决策模式不仅提高了供应链的响应速度,还降低了库存成本和风险。当市场需求发生变化时,供应商和生产商可以迅速调整生产进度和库存水平,以满足市场需求,避免库存积压和缺货现象的发生。

此外,实时信息共享还有助于提高生产计划的灵活性和准确性。在传统模式下,生产计划往往需要提前很长时间制订,且难以应对突发情况。而在物联网技术的支持下,生产计划可以根据实时数据进行动态调整,以适应市场变化。这种灵活性不仅提高了生产效率,还降低了生产成本。

2. 智能调度优化运输效率

物联网技术还在优化运输效率方面展现出了巨大的潜力。在传统的物流运输中,车辆调度和配载计划往往依赖于人工经验和固定路线,存在着运输效率低下和资源浪费等问题。而物联网技术的应用则为解决这些问题提供了新的思路。通过物流信息平台,物流企业可以实时获取货物的目的地、运输要求以及实时路况等信息。基于这些信息,他们可以运用先进的算法和模型进行智能调度和配载计划。通过选择最佳的运输路线和配载方案,物流企业可以显著提高车辆的利用率和运输效率。

3. 协同合作提升整体效率

在这个平台上,供应商、生产商、物流企业和销售商可以实时交换和共享信息,共同应对市场变化和风险挑战。这种协同合作模式不仅提高了物流管理的效率和准确性,还促进了整体效率的提升。通过协同合作,各方可以更加紧密地协作和配合,共同优化供应链流程和提高物流效率。他们可以及时发现并解决问题,共同应对市场变化和风险挑战。这种协同合作模式降低了运营成本和风险,提高了客户满意度和市场竞争力。同时,通过物流信息平台的构建,各方还可以实现资源的共享和互补,进一步拓展业务领域和提高盈利能力。

(三)促进各方协同合作,实现共赢

1. 提升信息交流与决策效率

在传统的物流运作中,供应链各环节的信息流通常常存在壁垒和时滞。而物联网技术的引入,打破了这些屏障,使得信息在供应链中的流通变得畅通无阻。通过物流信息平台,各方可以实时获取到所需的数据和信息,无论是订单状态、库存变动,还是运输进展,一切都尽在掌握之中。这种信息实时共享的模式极大地提高了物流管理的效率和准确性。供应商能够及时调整生产计划以响应市场需求;生产商可以更加精准地掌握原材料的到货时间,优化生产线排程;物流企业则可以合理规划运输路线和配载计划,确保货物准时到达。信息的实时流通和透明化使得供应链各方在面对市场变化时能够迅速做出反应,提高了决策的准确性和时效性。同时,实时信息共享还有助于降低库存成本和运输成本。通过平台上的数据分析和预测,企业可以实现库存的精细化管理和运输资源的优化配置,从而减少浪费和支出。

2. 强化风险管理与问题应对能力

在供应链管理中,风险和不确定性是无法避免的。然而,物联网技术通过物流信息平台为各方提供了共同应对风险和解决问题的有效工具。通过实时监控货物的运输状态和环境条件,各方可以及时发现并处理潜在的安全隐患和质量问题。这种预警和应急响应机制大大降低了物流运输中的风险和损失。此外,当面临供应链中断、市场变化等突发情况时,各方可以依托物流信息平台进行快速沟通和协同应对。通过共享资源和信息,各方能够共同寻找解决方案并迅速恢复供应链的正常运作。这种协同合作的模式不仅增强了供应链的韧性和灵活性,也提高了各方应对市场变化和风险挑战的能力。

3. 拓展业务领域与创造商业价值

物联网技术通过物流信息平台还为各方带来了商业价值的增长。通过平台上的数据分析和挖掘,企业可以发现新的市场机会和客户需求,进而拓展业务领域和开发新的产品与服务。例如,通过对消费者购买行为的分析,销售商可以制定更加精准的营销策略和优化商品组合;物流企业则可以开发个性化的配送服务和增值服务以满足不同客户的需求。同时,通过物流信息平台的资源共享和互补优势,各方还可以实现跨界合作和共赢发展。例如,供应商与生产商之间可以通过平台共享产能和原材料资源;物流企业则可以与其他行业的企业合作开发智能物流解决方案等。这种跨界合作模式不仅拓宽了企业的业务领域和收入来源,还提高了整个供应链的竞争力和创新能力。

第六章 物联网技术在冷链物流中的应用

第一节 冷链物流的特点与要求

一、冷链物流的特点

(一)温度敏感性

温度敏感性是冷链物流最显著的特点之一。冷链物流所处理的产品,如新鲜蔬果、冷冻食品、生物制品等,对温度环境有着极为严格的要求。这些产品若在不适宜的温度下储存或运输,很可能会导致质量下降、腐败变质,甚至引发安全隐患。因此,冷链物流必须确保在整个供应链过程中,产品始终处于规定的温度范围内。

为了实现这一目标,冷链物流需要借助各种温控设备和技术手段,如冷藏车、冷藏集装箱、温控仓库等。这些设备和技术不仅要求具备高效的制冷和保温性能,还需要能够实时监控和调节温度,以确保产品在不同环境下的稳定性和安全性。

此外,温度敏感性还对冷链物流的操作和管理提出了更高要求。工作人员必须接受专业培训,掌握温控设备的使用和维护技能;同时,冷链物流还需要建立完善的温度监控和记录体系,以便在出现问题时能够迅速追溯原因并采取措施。

（二）时效性

时效性是冷链物流的另一个重要特点。由于冷链物流所处理的产品通常具有易腐、易变质等特性,因此它们必须在规定的时间内送达目的地,以保持其新鲜度和使用价值。这就要求冷链物流具备高度的组织协调性和快速响应能力。

为了实现时效性,冷链物流需要对整个供应链进行精心规划和优化。这包括合理安排生产、加工、储存、运输和销售等环节的时间和顺序,确保产品在最短时间内从生产地到达消费者手中。同时,冷链物流还需要建立完善的信息管理系统,实现各环节之间的实时信息共享和协同作业,以提高整体运作效率。

此外,时效性还对冷链物流的运输方式和路线选择提出了挑战。为了缩短运输时间,冷链物流往往需要采用更快的运输方式(如航空运输)和更优化的路线规划。这些措施虽然会增加一定的成本,但为了保证产品的质量和安全,这些投入是必要的。

（三）高成本性

高成本性是冷链物流不可忽视的一个特点。与常温物流相比,冷链物流在设备投入、能源消耗、人力成本等方面都有着更高的要求。这主要是因为冷链物流需要安装和使用温控设备、建造和维护低温仓库、采用更快的运输方式等,这些都需要大量的资金投入。同时,由于冷链物流所处理的产品对温度和环境有着更为严格的要求,因此在储存和运输过程中需要消耗更多的能源来维持恒定的低温环境。此外,冷链物流还需要配备专业的技术人员和管理人员来确保整个供应链的顺畅运作,这也增加了人力成本。然而,尽管冷链物流的成本较高,但为了保证产品的质量和安全以及满足市场需求,这些投入是必要的。而且随着科技的不断进步和新能源技术的应用推广,冷链物流的成本有望逐渐降低并实现可持续发展。

二、冷链物流的要求

(一)全程温度控制

全程温度控制是冷链物流最基本也是最重要的要求之一。冷链物流所处理的商品,如食品、药品等,对温度环境有着极为敏感的需求。温度过高或过低都可能导致商品变质、损坏,甚至引发安全问题。因此,冷链物流必须确保从生产、加工、储存、运输到销售的整个过程中,商品始终处于规定的温度范围内。为了实现全程温度控制,冷链物流需要采取一系列措施。首先,在仓储环节,必须建立具备温控功能的仓库,如冷藏库、冷冻库等,并配备相应的温控设备和监控系统,确保库内温度稳定且可控。其次,在运输环节,需要使用具备温控功能的运输工具,如冷藏车、冷藏集装箱等,并实时监控运输过程中的温度变化,确保商品在途中不会受到温度波动的影响。此外,全程温度控制还要求冷链物流建立完善的温度记录和追溯体系。通过记录和追溯商品在不同环节的温度数据,可以及时发现温度异常并采取措施进行纠正,从而确保商品的质量和安全。同时,这些温度数据也可以作为质量追溯的依据,帮助企业在出现问题时迅速定位原因并采取相应的改进措施。

(二)先进的信息系统支持

先进的信息系统是冷链物流实现高效运作的重要保障。冷链物流涉及多个环节和多个参与方,要实现全程温度控制和协同作业,必须依靠先进的信息系统进行支撑。这些信息系统应具备实时数据采集、传输、处理和分析等功能,能够帮助企业实现对冷链物流过程的全面监控和管理。具体来说,先进的信息系统应包括以下几个方面:首先,温度传感器和监控设备应遍布整个冷链物流网络,实时采集各个环节的温度数据并传输到中心服务器进行处理和分析。其次,应建立基于互联网或物联网的信息共享平台,实现各环节参与方之间的实时信息共享和协同作业。通过该平台,企业可以及时了解商品的状态和位置信息,优化仓储和运输计划,提高整体运作效率。最后,应利用大数据和人工智能等先进技术对冷链物流数据进行深度挖掘和分析,帮助企业发现潜在的问题和改进空间,提升冷链物流的智能化水平。

(三) 高效的物流网络布局

高效的物流网络布局是冷链物流实现快速响应和降低成本的关键。冷链物流的时效性要求非常高,商品必须在规定的时间内送达目的地以保持其新鲜度和使用价值。因此,冷链物流网络必须具备高效的仓储布局、优化的运输路线和快速的配送服务。为了实现高效的物流网络布局,企业需要从以下几个方面入手:首先,在仓储布局方面,应根据商品的需求特点和市场分布情况合理规划仓库的位置和数量。通过合理布局仓库网络,可以减少运输距离和时间成本,提高整体运作效率。其次,在运输路线方面,应利用先进的路径规划算法和实时交通信息选择最优的运输路线。通过优化运输路线规划,可以降低运输成本并缩短运输时间。最后,在配送服务方面,应建立完善的配送体系和快速的响应机制。通过合理的配送计划和快速的响应能力,可以确保商品在规定的时间内准确送达客户手中。

三、物联网技术在冷链物流中的应用价值

(一)提高温度控制精度

1. 监测数据收集

物联网技术通过在仓储、运输等各环节布置温度传感器和监控设备,能够实时、连续地监测产品的温度变化。这些数据通过无线或有线的方式传输到中心服务器,进行集中的处理和分析。与传统的温度监测方式相比,物联网技术的应用大大提高了数据的时效性和准确性,使冷链物流企业能够及时了解产品的温度状况,为后续的决策提供有力的数据支持。同时,物联网技术还能够监测其他与温度密切相关的环境参数,如湿度、光照等。这些数据的综合分析,为企业提供了更加全面的产品信息,有助于更好地把握产品质量和安全状况。

2. 智能温度控制与调整

基于实时监测的数据,物联网技术能够智能地控制温控设备的工作状态。一旦发现温度异常,如偏高或偏低,物联网技术可以迅速做出反应,调整温控设备的工作参数,如制冷功率、风速等,以确保产品始终处于最佳的储存环境中。此外,物联网技术还能够根据外界环境因素的变化,如季节、天气等,以及历史温度数据的分析,智能地预测产品在未来的温度需求。通过提前调整温控设备的工作状态,物联网技术能够实现更加精准、前瞻性的温度控制,为企业节省了大量的能源成本和人工成本。

3. 数据分析与优化决策

物联网技术收集的大量温度数据,为企业提供了丰富的数据源和分析依据。通过对这些数据的深入挖掘和分析,企业可以发

现温度变化的规律、趋势和异常情况,为后续的决策制定提供科学的依据。例如,企业可以根据温度数据的变化趋势,预测产品在某一特定时期的销量变化,从而调整生产计划和库存策略;也可以根据温度数据的异常情况,及时发现并解决仓储或运输过程中存在的问题,提高产品的质量和安全性。此外,物联网技术还可以帮助企业建立完善的产品追溯体系。通过对每一批次产品的温度数据进行记录和分析,企业可以实现对产品质量的全过程追溯和溯源。一旦出现问题,可以迅速定位原因并采取措施,有效保障消费者的权益和企业的声誉。

(二)降低损耗和浪费

1. 监测与温度控制

物联网技术的核心在于其能够实现对物品的实时监测和信息反馈。在冷链物流中,物联网技术通过布置温度传感器和监控设备,能够实时采集产品在储存和运输过程中的温度数据。一旦发现温度异常,系统可以迅速响应,调整温控设备的工作状态,确保产品始终处于规定的温度范围内。此外,物联网技术还可以根据历史温度数据和外界环境因素进行智能预测。通过对大量数据的深度学习和挖掘,系统可以预测产品在未来的温度需求,并提前调整温控策略,实现更加精准的温度控制。这种智能化的温度管理方式,不仅进一步降低了损耗风险,还提高了冷链物流的运作效率。

2. 质量追溯与损耗控制

物联网技术还可以建立完善的质量追溯体系。通过为每个产品配备唯一的标识码,物联网技术可以实现对每一批次产品的全程跟踪和溯源。一旦发现问题产品,系统可以迅速定位其来源和流向,及时召回和处理,从而最大限度地减少损耗和浪费。这种质量追溯体系不仅提高了产品的安全性和可靠性,还为企业的质量管理提供了有力支持。同时,物联网技术还可以帮助企业进行损耗分析和控制。通过对历史损耗数据的统计和分析,企业可以找出损耗的主要原因和关键环节,并采取相应的改进措施。这种精细化的损耗管理方式,不仅降低了企业的成本支出,还提高了企业的市场竞争力。

3. 库存优化与过期损耗控制

库存积压和过期损耗是冷链物流中另一个不可忽视的问题。传统的库存管理方式往往依赖于人工盘点和记录,不仅效率低下,而且容易出现错误。而物联网技术的应用则可以实现自动化的库存管理。通过实时的库存数据分析和预测,企业可以更加准确地制订生产计划、采购计划和销售策略,实现库存的动态平衡和优化配置。这种精细化的库存管理方式不仅减少了库存积压和过期损耗,还提高了企业的资金周转率和市场竞争力。此外,物联网技术还可以帮助企业进行销售预测和市场需求分析。通过对历史销售数据和市场需求趋势的挖掘和分析,企业可以更加准确地把握市场动态和消费者需求变化,为产品开发和销售策略制定提供科学依据。

(三)提升供应链效率

1. 实时信息共享与协同作业

冷链物流的高效运作离不开各环节参与方之间的紧密配合与协同。物联网技术作为一种先进的信息技术,为冷链物流提供了实时信息共享的平台,使得各环节参与方能够实现无缝对接与高效协同。通过物联网技术,仓储、运输、配送等各环节的信息得以实时更新和共享,大大提高了供应链的透明度和响应速度。在仓储环节,物联网技术的引入实现了自动化的仓储管理。通过物联网设备对入库、出库、盘点等操作的自动识别和数据处理,不仅显著提高了作业效率,还降低了人为错误和劳动强度。这种自动化的管理方式使得仓库管理更加精准、高效,为冷链物流的快速响应提供了有力保障。

2. 智能化运输管理与优化

在冷链物流中,运输环节是至关重要的一环。物联网技术的应用为运输管理带来了革命性的变革。通过智能化的路径规划和车辆调度,物联网技术能够优化运输路线和运输计划,降低运输成本和时间成本。这种智能化的管理方式不仅提高了运输效率,还减少了浪费和损耗。同时,物联网技术还能够实现实时的车辆追踪和货物监控。通过安装在车辆和货物上的传感器设备,可以实时获取车辆位置和货物状态信息,确保运输过程的安全性和可靠性。这种实时的监控机制为冷链物流提供了更加全面的安全保障,有效降低了运输风险。

3. 数据支持与分析服务

数据不仅可以帮助企业优化仓储布局和运输路线,还可以帮助企业发现潜在的问题和改进空间。通过对数据的深度挖掘和分析,企业可以及时发现运营过程中的问题和瓶颈,并采取相应的改进措施,提升冷链物流的智能化水平和服务质量。此外,物联网技术还可以帮助企业建立更加完善的质量追溯体系。通过对每一批次产品的温度、湿度等环境参数的实时监控和记录,可以实现对产品质量的全面追溯和溯源。这种质量追溯体系不仅提高了产品的安全性和可靠性,还增强了企业的市场竞争力,提升了品牌形象。

第二节 物联网技术在冷链物流中的应用实践

一、智能仓储管理

(一)实时环境监控与智能调控

1. 环境参数的精确监控

冷链物流的核心在于确保货物在整个流通过程中始终处于规定的温度、湿度等环境条件下。物联网技术的引入使得仓库管理人员能够实时、精确地监控货物的存储环境。通过在仓库内部署温度传感器、湿度传感器等物联网设备,系统可以24小时不间断地监测环境参数的变化,并将数据实时上传至中心服务器。这种实时监控机制的好处在于,一旦环境参数出现异常波动,管理人员可以第一时间获知并采取相应措施,从而避免了因环境不稳定导致的产品质量问题。比如,在存储某些对温度敏感的药品或食品时,微小的温度变化都可能对产品的质量和安全造成重大影响。而物联网技术的实时监控能力,就像是为这些产品装上了一道"保险",确保它们始终处于最佳的存储环境中。

2. 智能调控提升仓储效率

物联网技术不仅提供了实时监控的能力,更重要的是它还能根据收集到的环境参数进行智能调控。当系统检测到某个区域的温度或湿度超出预设范围时,它可以自动触发与之相连的温控或湿控设备进行调整。这种自动化的调控机制不仅反应迅速,而且准确性高,极大地提高了仓储管理的效率。在过去,仓库管理人员需要定时巡查各个存储区域,手动检查并调整环境参数。这不仅耗时耗力,而且容易因为人为疏忽导致误差。管理人员只需要通过电脑或手机查看实时的监控数据,就可以轻松掌握整个仓库的环境状况。这无疑极大地减轻了他们的工作负担,提高了工作效率。

3. 减少人为错误和劳动强度

物联网技术的应用还显著降低了人为错误和劳动强度。在传统的仓储管理方式中,货物的入库、存储和出库等环节都需要人工进行记录和操作。这不仅效率低下,而且容易因为人为因素导致误差和失误。而物联网技术的引入,使得这些环节都可以实现自动化和智能化操作。货物的信息可以通过 RFID 技术或无线传感器网络进行自动识别和跟踪;环境参数的调整也可以通过预设的规则由系统自动完成。这些都极大地减少了人为因素的干扰和影响,提高了仓储管理的准确性和可靠性。同时,物联网技术的应用也降低了仓库管理人员的劳动强度。他们不再需要长时间地待在仓库中进行巡查和操作;也不再需要花费大量的时间和精力去整理和分析烦琐的数据。相反,他们可以通过物联网系统轻松地掌握整个仓库的运作情况,并将更多的时间和精力投入到更有价值的工作中去。这无疑是对人力资源的一种极大节约和优化配置。

(二)自动化货物识别与定位

1. 物联网技术实现自动化货物识别

物联网技术通过安装 RFID 标签或传感器等设备在货物上,为每一件货物赋予了独特的身份标识。当货物进入仓库时,RFID 阅读器可以自动扫描标签并快速获取货物的详细信息,如品种、数量、生产日期等。这种自动化的识别方式不仅准确度高,而且速度快,大大提高了货物的入库效率。同时,由于每个货物都有了唯一的身份标识,仓库管理人员可以轻松地掌握库存情况,避免了传统人工盘点时可能出现的错漏问题。

2. 无线定位技术精确追踪货物位置

物联网技术还通过无线定位技术实现了对货物位置的精确追踪。通过在仓库内部署无线传感器网络,系统可以实时感知货物的位置移动轨迹,并将其准确记录在数据库中。这种定位技术不仅可以帮助仓库管理人员迅速找到所需货物,还可以为货物的调度和配送提供有力的数据支持。例如,在配送过程中,系统可以根据货物的实时位置和数量自动规划最优的配送路线和计划,从而提高了配送效率和准确性。

3. 物联网技术降低劳动强度和人为错误

自动化货物识别和定位技术的应用不仅提高了仓储管理的效率和准确性,还显著降低了劳动强度和人为错误。在传统的管理方式下,仓库管理人员需要手动查找和记录货物的信息,这不仅耗时耗力,而且容易因为人为因素导致误差和失误。管理人员只需要通过电脑或手持设备就可以轻松查询货物的详细信息和位置状态,大幅缩短了货物的出库时间并提高了客户满意度。同时,物联网技术的应用也降低了对人力资源的依赖和需求。在传统的仓储管理中,需要大量的工作人员进行货物的搬运、盘点和记录等工作。而现在,通过自动化的货物识别和定位技术,这些工作都可以由系统自动完成或辅助完成,从而减少了对人力资源的需求和配置。这无疑是对企业运营成本的一种极大节约和优化配置。

(三)实时库存管理与智能预测

1. 物联网技术实现实时库存管理

物联网技术通过安装设备和传感器在仓库中,为每一件货物赋予了"数字生命"。当货物入库或出库时,这些设备和传感器可以实时感知货物的数量、位置和状态等信息,并将数据自动上传至中心服务器。仓库管理人员不再需要手动盘点和记录库存数据,而是可以通过物联网系统随时查看最新的库存情况。这种实时的库存管理方式不仅提高了数据的准确性和时效性,还大大减少了人工盘点时可能出现的错漏问题。实时的库存数据为企业提供了更加准确的决策依据。通过对库存数据的实时分析,企业可以及时了解哪些货物畅销、哪些货物滞销,从而根据市场需求调整生产计划和采购策略。这避免了库存积压和过期损耗的问题,降低了企业的运营成本和风险。

2. 物联网技术助力智能预测

物联网技术还可以帮助企业进行智能预测。通过对历史销售数据和库存数据的深度挖掘和分析,企业可以发现市场需求的规律和趋势,为未来的生产计划和采购决策提供科学依据。这种基于数据的预测方式比传统的人工预测更加准确和可靠,有助于企业更好地把握市场机遇和应对市场挑战。在快速变化的市场环境中,能够迅速捕捉并满足消费者需求的企业往往能够赢得更多的市场份额和客户忠诚度。而物联网技术的应用正是帮助企业实现这一目标的重要工具。

3. 物联网技术优化库存配置和调度

物联网技术不仅可以实现实时的库存管理和智能预测,还可以帮助企业优化库存的配置和调度。通过对货物的实时跟踪和监控,企业可以了解货物的流动情况和销售状况,并根据这些信息对库存进行合理配置和调度。这确保了货物能够及时满足市场需求,避免了因缺货或积压而导致的损失。同时,优化的库存配置和调度还提高了企业的物流效率和客户满意度。在快速配送和个性化需求日益重要的今天,能够迅速、准确地将货物送达消费者手中的企业往往能够获得更多的市场认可和客户信赖。而物联网技术的应用正是帮助企业实现高效物流和优质服务的关键所在。

二、运输过程

(一) 监控确保货物品质

冷链物流的核心在于确保货物在运输过程中始终处于规定的温度范围内。物联网技术的应用使得这一过程监控变得更加全面和精准。通过在运输车辆上安装物联网设备和传感器,企业可以实时获取货物的温度、湿度等关键状态信息。这些数据不仅反映了货物的当前状态,还是调整温控和湿度控制设备的重要依据。在传统冷链物流中,由于缺乏有效的实时监控手段,企业往往难以准确掌握货物在运输过程中的状态变化,从而增加了产品质量和安全的风险。而物联网技术的应用则彻底解决了这一问题。当货物温度或湿度超出规定范围时,物联网系统可以立即发出警报,通知相关人员进行处理。这种实时的监控机制确保了货物在运输过程中始终处于最佳状态,从而大大提高了产品的质量和安全性。

(二) 智能调度和路线规划提升运输效率

物联网技术还可以实现运输车辆的智能调度和路线规划。通过对车辆的实时跟踪和监控,企业可以更加精准地掌握车辆的位置和状态,避免拥堵和延误等问题。这种智能化的运输管理方式不仅提高了运输效率,还降低了运输成本和时间成本。智能调度和路线规划的实现离不开大数据和人工智能等技术的支持。物联网系统可以收集并分析大量的实时数据,包括车辆位置、行驶速度、路况信息等,从而为运输路线的优化提供科学依据。通过合理的路线规划和调度安排,企业可以确保货物在最短时间内安全送达目的地,满足客户的紧急需求。

(三)数据支持和分析服务助力决策制定

数据不仅有助于企业发现潜在的市场机遇和竞争优势,还可以为决策制定提供更加准确和科学的依据。同时,物联网技术还可以帮助企业发现潜在的问题和改进空间。通过对运输过程中产生的异常数据进行分析,企业可以及时发现并解决存在的问题,从而提升冷链物流的智能化水平和服务质量。这种基于数据的改进方式比传统的人工检查更加高效和准确,有助于企业在激烈的市场竞争中保持领先地位。

三、产品质量追溯与安全管理

(一)物联网技术实现产品质量全程追溯

1. 物联网技术实现产品质量信息的实时采集与记录

物联网技术的应用为冷链物流中的产品质量追溯带来了革命性的变化。通过为每个产品配备唯一的标识码,如 RFID 标签或二维码,企业可以在生产、加工、包装、运输等各个环节实现产品信息的实时采集和记录。这些标识码就像是产品的"身份证",里面包含了产品的所有关键信息,如生产日期、生产批次、原材料来源、加工工艺等。在每个环节,物联网设备和传感器会自动读取标识码中的信息,并将其上传到中心服务器进行处理和分析。这样,企业就可以在任何时刻通过物联网系统查询到产品的完整信息,包括其当前的位置和状态。这种实时的信息采集和记录方式不仅大大提高了工作效率,还避免了纸质记录中可能出现的遗漏或错误。

2.物联网技术构建完整的产品质量追溯链

物联网技术还为企业构建了一个完整的产品质量追溯链。这个追溯链不仅包含了产品的生产信息,还涵盖了产品的运输、仓储和销售等各个环节的信息。通过物联网系统,企业可以轻松地查询到产品在每个环节的具体情况和操作记录。一旦发现问题产品,如食品中毒事件或产品质量纠纷,企业可以利用物联网系统迅速定位问题产品的来源和流向。通过查询标识码对应的产品信息和流通记录,企业可以准确追溯到问题产品的生产批次、原材料来源以及运输过程。这样,企业就可以在第一时间采取召回和处理措施,最大限度地减少损失和影响。这种全程可追溯的机制不仅提高了企业的应急响应能力,还增强了消费者对产品的信任度。

3.物联网技术助力企业持续改进生产与管理

物联网技术的应用不仅使得产品质量追溯变得更加便捷和高效,还为企业提供了丰富的数据支持和分析服务。通过对各个环节的数据进行挖掘和分析,企业可以发现生产和管理中存在的问题和瓶颈,并及时进行改进和调整。这种基于数据的决策方式不仅提高了决策的准确性和科学性,还有助于企业实现持续改进和优化。此外,物联网技术还可以帮助企业建立更加紧密和高效的供应链合作关系。通过与供应商、承运商和销售商等合作伙伴共享数据和信息,企业可以实现更加协同和一体化的供应链管理。这种协同化的管理方式不仅提高了整体运营效率,还降低了运营成本和风险。

(二)物联网技术保障运输过程安全管理

1. 监测环境参数,确保产品品质

在冷链物流中,产品的品质与运输过程中的温度、湿度等环境参数息息相关。物联网技术的应用使得对这些关键参数的实时监测成为可能。通过在运输车辆上安装传感器和设备,企业能够持续跟踪和记录货物的环境参数,如温度和湿度的变化。这些实时数据通过物联网系统迅速传输和处理,确保企业在任何时刻都能对货物的状态了如指掌。一旦发现温度超标或湿度波动等潜在问题,企业可以迅速响应,如调整冷藏设备的工作状态或更换保温材料,以确保货物在最佳的存储环境中运输,从而保持其新鲜度和品质。这种实时的环境参数监测不仅提高了产品的安全性,还为消费者提供了更高品质的产品体验。

2. 追踪车辆状态,防范安全风险

除了对环境参数的监测外,物联网技术还使得对运输车辆的实时追踪成为可能。通过在车辆上安装 GPS 定位系统和物联网传感器,企业可以准确掌握车辆的位置、速度以及行驶状态。这些数据实时传输到中心服务器,为企业提供了一个全面的运输视图。在这种全方位的监控下,任何偏离预定路线或异常停留的行为都会立即被企业所察觉。一旦发现这些潜在的安全隐患,企业可以迅速与司机取得联系,了解实际情况并采取必要的纠正措施。这种及时的干预不仅有助于防止货物被盗或延误送达等问题的发生,还大大降低了运输过程中的风险。

3. 优化运输流程,降低损失与成本

物联网技术的应用不仅提高了冷链物流的安全性和可靠性,

还为企业带来了全面的流程优化机会。通过对实时数据的深入分析,企业可以发现运输过程中的瓶颈和浪费,从而有针对性地进行流程改进。例如,根据车辆的实时位置和速度数据,企业可以优化运输路线和调度计划,以减少空驶时间和等待时间,提高运输效率。此外,物联网技术还可以帮助企业更好地预测和应对潜在的运输问题。通过对历史数据和实时数据的结合分析,企业可以识别出运输过程中的常见问题和风险点,并提前制定应对策略。这种预测性的管理方式不仅降低了突发问题对企业运营的影响,还有助于减少不必要的成本和损失。

(三)物联网技术增强企业市场竞争力

1. 提升产品质量与安全性,增强消费者信任

在冷链物流中,物联网技术的应用使得产品质量追溯和安全管理水平得以大幅提升。通过为每个产品配备唯一的标识码,并在生产、加工、运输等各个环节安装物联网设备和传感器,企业可以实现对产品全生命周期的精准监控。这种全程可追溯的机制确保了产品的质量和安全性,满足了消费者对高品质和安全食品的需求。当消费者能够清晰地了解产品的来源、加工过程以及运输情况,他们对产品的信任度自然会提升。这种信任度的增强不仅有助于树立企业良好的品牌形象,还能够吸引更多的消费者选择该企业的产品,从而提高企业的市场份额和竞争力。

2. 优化生产与管理流程,提高运营效率

物联网技术的应用还为企业带来了生产和管理流程的优化。通过实时采集和分析各个环节的数据信息,企业可以更加精准地掌握生产和管理中存在的问题,及时进行改进和调整。这种基于

数据的决策方式不仅提高了决策的准确性和科学性,还有助于降低生产成本和提高产品质量。通过对生产、仓储、运输等各个环节的实时监控和数据分析,企业可以更加合理地安排生产计划、调整库存策略以及优化运输路线,从而提高整体运营效率。这种效率的提升不仅有助于降低企业的运营成本,还可以使企业更加灵活地应对市场变化和客户需求的变化。

3. 提供丰富的数据支持与分析服务,发现市场机遇

物联网技术的应用为企业提供了海量的实时数据。通过对这些数据的挖掘和分析,企业可以发现潜在的市场机遇和竞争优势。例如,通过对消费者购买行为的分析,企业可以了解消费者的偏好和需求变化,从而针对性地开发新产品或调整营销策略。这种基于数据的精准营销不仅提高了营销效果,还降低了营销成本。同时,物联网技术还可以帮助企业预测市场趋势和制订发展规划。通过对历史数据和实时数据的对比分析,企业可以预测未来市场的发展方向和潜在风险,从而提前制定相应的应对策略。这种基于数据的预测和规划能力使企业在市场竞争中保持领先地位。

第三节 物联网技术对冷链物流 效率与质量的提升

一、物联网技术提升冷链物流效率

(一)实时数据监控与预测分析

1. 监控与货物状态掌握

在冷链物流中,温度、湿度、位置等关键数据的实时监控是一项至关重要的任务。这些数据的准确性和实时性直接关系到货物的质量、安全和送达的准时性。在传统的冷链物流管理模式中,由于缺乏有效的监控手段,往往难以实时掌握货物的状态,从而增加了潜在的风险和管理难度。随着物联网技术的引入,这一切都得到了根本性的改变。物联网技术通过部署在冷链物流各个环节的传感器,能够实时收集并传输温度、湿度、位置等关键数据到管理中心。这意味着管理人员无须亲临现场,即可通过物联网平台随时了解货物的位置和状态。这种实时性的提升不仅大大提高了管理效率,使管理人员能够更加便捷地监控和管理冷链物流过程,还在很大程度上减少了潜在的风险。通过实时数据监控,管理人员可以及时发现并解决可能出现的问题,如温度异常、湿度波动等,从而确保货物的质量和安全。此外,物联网技术的引入还为冷链物流带来了更多的可能性。例如,通过对收集到的数据进行深入分析和挖掘,可以发现潜在的优化空间和改进方向,进一步提高冷链物流的效率和成本效益。同时,物联网技术还可以与其他先进技术相结合,如人工智能、大数据等,共同推动冷链物流向更高质量发展。

2. 历史数据挖掘与预测分析

物联网技术还具备强大的历史数据挖掘和分析能力。通过对过往数据的深入挖掘和分析,可以发现隐藏在数据背后的规律、趋势和潜在问题。这些分析结果对于预测未来一段时间内货物的需求、运输路线选择、最佳配送时间等具有极高的参考价值。基于历史数据的预测分析,冷链物流企业可以更加精准地制订物流计划,优化资源配置。例如,在需求高峰期到来之前,提前增加运输车辆和仓储空间;在运输路线选择上,避开拥堵路段,选择更加高效的运输路径。这些优化措施不仅提高了冷链物流的运作效率,还降低了运营成本。

3. 数据驱动的决策支持与智能化发展

物联网技术收集的大量数据为冷链物流企业的决策提供了有力支持。基于数据的决策更加客观、准确,有助于企业做出更加明智的选择。同时,随着人工智能和机器学习技术的不断发展,物联网数据的价值将得到进一步挖掘和提升。物联网技术将与人工智能、大数据等技术深度融合,实现自动化、智能化的决策和执行。例如,通过机器学习算法对历史数据进行训练和学习,可以建立更加精准的预测模型;通过自动化控制系统对冷链物流设备进行智能调度和操作,可以实现无人化、自动化的物流运作。这些智能化发展将进一步提高冷链物流的效率和质量水平,推动行业的持续创新和发展。

(二)智能设备与自动化流程

1. 智能冷藏车的应用与优势

智能冷藏车是物联网技术在冷链物流中的典型应用之一。这类车辆配备了先进的传感器和控制系统,能够实时监测和调节车内的温度和湿度,确保货物始终处于最佳保存状态。与传统冷藏车相比,智能冷藏车具备显著的节能和环保优势。通过精确的温控系统,它们能够减少能耗,降低碳排放,同时更好地满足货物的保存需求。智能冷藏车的引入不仅提升了冷链物流的环保性能,还为企业带来了显著的经济效益。由于温度控制更加精准,货物损坏率大幅下降,从而减少了企业的损失。此外,智能冷藏车还能够实时传输数据,使管理人员能够远程监控车辆状态和货物情况,大大提高了管理效率。

2. 自动化分拣系统与无人搬运车的革命性影响

自动化分拣系统和无人搬运车是物联网技术带来的另一重大变革。在传统的冷链物流中,分拣和搬运环节往往需要大量的人工操作,不仅效率低下,而且容易出现错误。然而,自动化分拣系统和无人搬运车的引入彻底改变了这一状况。这些智能设备通过先进的传感器和识别技术,能够准确、快速地完成货物的分拣和搬运工作。它们不知疲倦地 24 小时运作,大大提高了作业效率。同时,由于减少了人为干预,错误率也显著降低。这不仅降低了企业的人力成本,还提高了作业的准确性和一致性。

3. 自动化流程的实现与效率提升

物联网技术的另一个突出贡献是实现了冷链物流流程的自动化。通过编写相应的程序和控制逻辑,物联网技术能够使得冷链物流中的各个环节自动衔接、自动完成。这种自动化流程的实现不仅减少了人为干预和错误发生的可能性,还大大提高了整体效率。自动化流程的实现意味着冷链物流中的各个环节都能够紧密配合、高效运转。无论是货物的入库、出库、运输还是配送,都能够按照预设的程序和规则自动进行。这不仅减轻了工作人员的负担,还提高了整体作业的准确性和可靠性。同时,自动化流程还有助于实现冷链物流的透明化和可追溯性,为企业的质量管理提供了有力支持。

(三)优化资源配置与协同作业

1. 实时数据驱动下的资源配置决策优化

在传统的冷链物流模式中,企业往往难以实时掌握自身的资源需求和供给情况,导致资源配置决策存在一定的盲目性和滞后性。然而,物联网技术的引入彻底改变了这一状况。通过部署在各个环节的传感器,企业可以实时收集到温度、湿度、位置等关键数据,这些数据经过分析后,能够为企业提供更加准确、全面的资源需求和供给信息。基于实时数据的分析,冷链物流企业可以更加精准地预测未来的货物需求变化,从而提前做出资源配置决策。例如,当某地区的货物需求突然增加时,企业可以根据实时数据调整运输路线和车辆分配,确保货物能够及时送达。这种实时数据驱动下的资源配置决策优化不仅提高了企业的响应速度,还降低了运营成本,增强了企业的竞争力。

2. 促进供应链各方的协同作业

物联网技术不仅优化了冷链物流企业内部的资源配置,还促进了供应链各方的协同作业。在传统的供应链模式中,各个环节之间往往存在信息孤岛和沟通障碍,导致供应链整体效率低下。然而,物联网技术的引入打破了这一壁垒。通过共享实时数据和信息,供应链上的各个环节可以更加紧密地衔接在一起。无论是生产商、物流商还是销售商,都可以实时了解货物的状态和位置信息,从而做出更加合理的决策。这种协同作业的模式不仅减少了信息孤岛和沟通成本,还提高了供应链的整体响应速度和灵活性。当某个环节出现问题时,其他环节可以迅速做出调整,确保供应链的稳定运行。

3. 实现供应链的整体优化

物联网技术在促进供应链各方协同作业的基础上,进一步实现了供应链的整体优化。通过实时数据的共享和分析,供应链上的各个环节可以更加精准地预测未来的需求和变化,从而制订出更加合理的生产和物流计划。同时,物联网技术还可以帮助冷链物流企业建立更加完善的质量管理体系。通过实时监控货物的温度和湿度等关键指标,企业可以确保货物在运输和储存过程中始终保持最佳状态。这种质量管理体系的建立不仅提高了货物的质量水平,还增强了消费者对冷链物流企业的信任度和满意度。

二、物联网技术提升冷链物流质量

(一)精确的温度与湿度控制

对于冷链物流而言,温度和湿度的控制是确保产品质量和安全的关键。物联网技术通过部署在仓库、运输车辆等关键节点的传感器,能够实时监控和记录环境中的温度和湿度数据。一旦传感器检测到温度或湿度数据超出预设的安全范围,系统会立即发出警报。这种警报机制如同一道防线,及时提醒管理人员注意环境变化,防止因温度或湿度波动导致的货损风险。同时,物联网技术还可以实现自动调整环境参数的功能,确保温度和湿度始终保持在最佳范围内。这种精确的控制不仅提高了产品的储运质量,还降低了企业的货损成本,提升了冷链物流的经济效益。

(二)实时的货物追踪与状态监测

在冷链物流中,货物的实时追踪和状态监测对于确保货物安全、减少丢失和延误具有重要意义。物联网技术通过嵌入在货物包装或标签中的 RFID 芯片或 GPS 定位设备,实现了对每一件货物的实时追踪和监测。这些智能设备如同货物的"身份证",详细记录着货物的位置、移动速度和状态信息。管理人员可以通过物联网平台随时了解货物的实时位置和状态。这种透明的追踪机制不仅有助于减少货物的丢失和延误,还能够及时发现和处理在运输过程中出现的各种问题。例如,当货物在运输途中出现异常情况时,管理人员可以迅速定位到问题所在,及时采取补救措施,确保货物按时、安全地到达目的地。这种实时的货物追踪与状态监测不仅提高了冷链物流的可靠性和安全性,还提升了客户的满意度和信任度。

(三)全面的质量管理与风险控制

物联网技术为冷链物流提供了全面的质量管理和风险控制手段。通过对收集到的海量数据进行分析和挖掘,企业可以更加准确地识别出质量问题的根源和潜在的风险点。这种数据分析的能力如同冷链物流的"大脑",帮助企业做出更加明智的决策。例如,通过对历史温度数据的分析,企业可以发现某些环节的制冷设备可能存在问题。这些问题可能是设备老化、维护不足或操作不当等原因导致的。通过及时发现并处理这些问题,企业可以避免类似问题的再次发生,提高制冷设备的运行效率和可靠性。这种预防性的维护策略不仅降低了企业的运营成本,还提高了冷链物流的质量和效率。此外,物联网技术还可以帮助企业建立更加完善的质量追溯体系。一旦出现质量问题,企业可以迅速定位到问题的源头,采取有效的补救措施。这种追溯机制如同冷链物流的"记忆",详细记录着每一个环节的信息和数据。通过这些信息和数据,企业可以迅速找到问题的症结所在,及时采取措施进行整改和改进。这种全面的质量管理与风险控制不仅最大限度地减少了损失和影响,还提升了企业的竞争力和市场地位。

三、物联网技术提升冷链物流的协同与整合能力

(一)信息共享与透明度提升

1. 实时信息的采集与传输

物联网技术的核心在于能够实时地采集和传输信息。在冷链物流中,这意味着每一件货物的状态、位置、温度、湿度等关键数据都能够被实时监控和记录。无线传感器网络和 RFID 技术使得这些数据的采集变得简单而高效,而云计算则提供了强大的数据存储和处理能力。当这些信息被实时地传输到物联网平台时,供应链各参与方都能够随时随地访问到这些数据,从而实时了解货物的动态。这种实时性的提升不仅让供应链变得更加透明,还有助于及时发现和处理潜在的问题,确保货物的质量和安全。

2. 减少信息不对称和牛鞭效应

在传统的供应链管理中,信息不对称和牛鞭效应是普遍存在的问题。由于信息传递的滞后和失真,供应链上游往往无法准确了解下游的需求变化,从而导致生产过剩或供不应求。然而,物联网技术的引入大大缓解了这一问题。通过实时共享货物状态和位置等信息,生产商、物流公司和零售商都能够更加准确地了解市场需求和货物流动情况。这种信息共享的提升有助于减少供应链中的信息孤岛和沟通成本,使得各方能够更加协同地做出决策。物流公司则可以根据实时运输信息优化车辆调度,提高运输效率。

3. 优化供应链决策

物联网技术不仅提供了实时的数据信息,还通过云计算等技术手段对这些数据进行深度分析和挖掘。这种数据分析能力使得供应链各参与方能够更加科学地制定决策。生产商可以根据历史

销售数据和市场趋势预测未来的需求变化,从而制订出更加合理的生产计划;物流公司可以利用大数据分析工具优化运输路线和车辆配载,降低运输成本;零售商则可以利用实时库存信息制定精准的销售策略和促销活动。

(二)智能决策与协同优化

1. 海量数据挖掘与分析揭示冷链物流规律

物联网技术的广泛应用使得冷链物流中产生了海量的数据。这些数据包括货物的状态、位置、温度、湿度等实时信息,以及运输、仓储、配送等环节的操作记录。通过大数据分析技术,可以对这些数据进行深度挖掘和分析,揭示出冷链物流运作中的规律、趋势和潜在问题。这种分析不仅能够帮助企业更好地了解自身的运营情况,还能够为供应链各方的决策提供依据。通过对历史销售数据的分析,企业可以准确预测未来一段时间内的货物需求变化;通过对运输数据的分析,企业可以发现运输过程中的瓶颈和浪费,从而优化运输路线和车辆调度。

2. 智能决策支持实现协同优化

物联网技术与人工智能技术的结合,为冷链物流提供了更加智能的决策支持。通过预测分析、优化算法和机器学习等技术手段,可以实现运输、仓储、配送等环节的协同优化,降低整体运营成本,提高运营效率。预测分析技术可以帮助企业准确预测未来一段时间内的货物需求和运输能力,从而制订更加合理的生产和物流计划。这种预测不仅考虑了历史数据的趋势,还结合了市场变化、季节因素等多种影响因素,使得预测结果更加准确可靠。优化算法则可以实现运输路线、车辆调度和库存管理的协同优化。通过综合考虑货物的数量、目的地、运输时间等因素,优化算法可以计算出最佳的运输路线和车辆调度方案,使得货物能够按时、安全地到达目的地,同时降低运输成本。而机器学习技术则可以对冷链物流中的复杂问题进行自动学习和优化。通过不断学习和调整,机器学习模型可以逐渐适应各种复杂的环境和变化,提高决策的准确性和效率。

3. 智能决策推动冷链物流创新发展

物联网技术下的智能决策支持正在推动着冷链物流的创新发展。一方面,智能决策的应用使得冷链物流变得更加高效、协同和优化,提高了企业的竞争力和市场地位。另一方面,智能决策的应用也为企业带来了更多的创新机遇。例如,通过物联网技术实现货物的实时追踪和状态监测,企业可以开发出更加个性化的物流服务;通过大数据分析和人工智能技术实现智能预测和优化,企业可以开发出更加精准的供应链管理解决方案。这些创新不仅有助于提升企业的核心竞争力,还有助于推动整个冷链物流行业的进步和发展。

(三)资源整合与跨界合作

1. 物联网技术打破信息孤岛,实现资源整合

在传统冷链物流中,信息孤岛现象普遍。而物联网技术的引入,如同搭建了一座信息桥梁,将分散在各地的冷藏车、冷库、配送中心等资源紧密连接在一起。通过物联网平台,这些资源得以实时共享和高效利用,形成了资源共享和规模效应。这种资源整合不仅提高了冷链物流的运作效率,还降低了运营成本,增强了行业的整体竞争力。

2. 物联网技术推动跨界合作,拓展服务范围

物联网技术的开放性和互联性使得冷链物流不再局限于自身的狭小领域,而是积极寻求与其他相关行业的跨界合作。农业、食品加工、医药等行业与冷链物流有着天然的紧密联系。通过物联网技术,这些行业可以实现与冷链物流的无缝对接,共同打造更加高效、安全的供应链体系。例如,农业物联网的应用可以实现农产品的精准种植和智能采收,确保农产品在最佳状态下进入冷链环节;医药冷链物流则可以与医疗健康产业深度融合,提供更加安全、高效的药品储存和配送服务。这种跨界合作为冷链物流带来了更广阔的市场空间和发展机遇。

3. 全链条协同提升冷链物流整体竞争力

物联网技术下的资源整合和跨界合作最终实现了冷链物流的全链条协同。各环节之间不再是孤立的个体,而是形成了一个紧密、高效的供应链网络。在这个网络中,信息得以实时共享,资源得以优化配置,风险得以有效控制。全链条协同不仅提高了冷链物流的运作效率和服务质量,还降低了整体运营成本,增强了行业的抗风险能力。这种协同效应使得冷链物流在激烈的市场竞争中占据了有利地位,为行业的持续健康发展奠定了坚实基础。物联网技术通过打破信息孤岛、实现资源整合、推动跨界合作以及实现全链条协同等方面的作用,为冷链物流带来了革命性的变革。随着技术的不断进步和应用场景的不断拓展,相信物联网技术将在未来继续引领冷链物流行业向更加高效、安全、创新的方向发展。同时,这也需要冷链物流行业各方积极参与和合作,共同推动物联网技术在行业中的深入应用和发展。

第七章　物联网技术在供应链协同中的应用

第一节　物联网技术在供应链协同中的应用策略

一、构建实时透明的信息共享平台

(一)物联网技术下的实时数据收集与传输

1.物联网设备在供应链中的广泛部署

为了实现实时数据的收集与传输,企业需要在供应链的各个环节大规模部署物联网设备。这些设备包括传感器、RFID 标签和 GPS 定位装置等,它们被嵌入到产品、生产线、仓库以及运输工具中,共同构建了一个高度密集的数据收集网络。传感器能够实时监控产品的各项环境参数,如温度、湿度、压力等,确保产品在复杂的物流环境中始终保持最佳状态。RFID 标签则赋予了每一个产品一个独特的数字身份,使得企业可以迅速、准确地识别产品的身份和位置,从而大大提高了物流管理的精细度和效率。而 GPS 定位装置的广泛应用,则使得企业能够实时追踪货物的运输轨迹,确保货物能够按照预定的路线和时间安全抵达目的地。

2.物联网技术为供应链带来的长期效益

虽然物联网设备的投入需要企业承担一定的初期成本,但这些设备所带来的长期效益却是无法估量的。通过实时数据的收集与传输,企业可以更加精准地掌握供应链的每一个环节,包括产品的生产进度、库存情况、物流状态等。这种透明度的提升,使得企业能够及时发现并解决供应链中存在的问题,从而避免了因信息传递滞后而导致的生产延误、库存积压和物流丢失等问题。此外,物联网技术还能够帮助企业优化供应链的流程和布局,减少浪费和损耗,进一步提高供应链的稳定性和效率。

3. 物联网技术推动供应链管理的智能化升级

随着物联网技术的不断发展和完善,供应链管理也将迎来更加智能化的升级。通过对海量数据的深度挖掘和分析,企业可以更加准确地预测市场的需求和变化,从而制订出更加科学合理的生产计划和物流策略。此外,物联网技术还能够实现供应链中各个环节的自动化协同和智能决策,进一步提高供应链的响应速度和灵活性。这种智能化的升级,不仅将为企业带来更高的管理效率和竞争优势,更将推动整个供应链领域的创新和发展。

(二)构建高效、稳定、安全的信息共享平台

1. 构建具备强大数据处理能力的信息共享平台

数据是供应链管理的核心,而一个高效的信息共享平台则是数据发挥价值的关键。这样的平台不仅需要能够实时接收和处理来自各个物联网设备的数据,还需要具备强大的数据分析功能,能够从中挖掘出有价值的信息。为了实现这一点,企业需要在软件系统上进行大量的投入,开发或引入先进的数据管理系统和数据分析工具。这些系统和工具不仅要能够满足数据的整合、存储、查询和分析等基本需求,还需要具备高度的可扩展性和灵活性,以适

应供应链不断变化的需求。

此外,平台还需要具备高度的智能化水平,能够通过机器学习和人工智能等技术,自动识别和预测供应链中的潜在问题,并为企业提供相应的解决方案。这样,企业不仅能够实时掌握供应链的运行状态,还能够提前预见和应对可能出现的风险和挑战。

2. 确保平台的稳定性和安全性

一个高效的信息共享平台不仅需要具备强大的数据处理能力,还需要确保数据的稳定性和安全性。需要建立一个稳定、高速的物联网通信网络,确保数据能够在供应链的各个环节之间顺畅传输。这需要企业在网络基础设施上进行大量的投入,包括建设高性能的服务器集群、优化网络架构、提升网络带宽等。随着网络攻击和数据泄露事件的频繁发生,保护供应链数据的安全已经成为企业面临的一大挑战。为了实现平台的安全性,企业需要采用先进的加密技术、身份验证技术和访问控制技术等手段,确保只有授权的用户才能访问和操作平台上的数据。此外,企业还需要建立完善的数据备份和恢复机制,以防止数据丢失或损坏。

3. 持续投入与创新,应对未来挑战

构建高效、稳定、安全的信息共享平台是一个长期而复杂的过程,需要企业持续投入和创新。随着物联网技术的不断发展和供应链需求的不断变化,企业需要不断更新和升级其信息共享平台,以适应新的挑战和需求。这包括引入新的数据处理技术、优化网络架构、提升安全性等。同时,需要培养一支具备高度专业化和创新能力的团队,负责平台的日常运营和维护工作。这支团队不仅需要具备深厚的技术功底,还需要对供应链业务有深入的理解和经验积累。只有这样,企业才能确保其信息共享平台始终保持在行业的前沿,为供应链的高效协同提供持续的动力和支持。

(三)实时透明的信息共享带来的效益

1. 精准预测市场需求,优化库存管理

实时透明的信息共享平台使得供应链各参与方能够实时获取准确的市场需求和供应链状况信息。这种信息的实时性和准确性为企业提供了强大的预测能力,使其能够精准地预测市场趋势和客户需求。通过对平台上的数据进行深入分析,企业可以及时调整生产计划和库存策略,避免生产过剩或库存不足的问题。这种优化不仅可以减少企业的库存成本,避免资金占用和浪费,还可以提高客户满意度和市场占有率。在竞争激烈的市场环境中,这种优势无疑是企业赢得市场份额和客户忠诚度的关键。

2. 促进供应链各环节之间的紧密协作和配合

实时透明的信息共享平台打破了传统供应链中各环节之间的信息壁垒,使得各环节能够实时了解彼此的工作进度和需求。这种透明度的提升促进了各环节之间的紧密协作和配合,减少了不必要的重复工作和沟通成本。例如,在物流环节,通过实时共享货物的运输信息和位置数据,运输公司和仓库可以更加准确地安排运输计划和仓储作业,避免货物滞留和延误的问题。在生产环节,实时共享生产进度和原材料库存信息可以帮助生产企业及时调整生产计划和采购策略,确保生产的连续性和稳定性。这种紧密协作和配合不仅提高了供应链的整体效率,还降低了运营成本和风险。

3. 提高企业决策效率和准确性

实时透明的信息共享平台为企业提供了丰富的数据资源和分

析工具,使得企业能够基于数据进行科学、合理的决策。通过对平台上的数据进行深入挖掘和分析,企业可以发现供应链中的潜在问题和优化空间,从而制定出更加有效的决策方案。例如,在采购环节,通过对供应商的历史交货数据和质量数据进行分析,企业可以评估供应商的绩效和可靠性,选择更加优质的供应商进行合作。在销售环节,通过对销售数据和客户反馈进行分析,企业可以了解客户的需求和偏好,制定更加精准的市场营销策略。这种基于数据的决策方式不仅提高了企业的决策效率,还降低了决策风险,为企业带来了更加稳健的发展前景。

二、实现智能化的决策支持

(一)物联网技术助力企业精准把握市场动态和客户需求

在供应链协同中,了解市场动态和客户需求是企业制定科学决策的前提。物联网技术通过实时收集和分析市场数据、消费者行为以及产品使用情况等信息,为企业提供了全面、准确的市场洞察。这种洞察不仅能够帮助企业及时发现市场趋势和变化,还能够揭示消费者的真实需求和偏好。通过物联网技术收集到的销售数据和消费者反馈,企业可以分析出哪些产品受到消费者的欢迎,哪些功能或设计元素是消费者所看重的。基于这些分析,企业可以调整产品策略,优化产品设计,以满足消费者的需求并赢得市场。同时,物联网技术还可以帮助企业实时监测产品的市场表现,及时发现并解决潜在的问题,从而确保产品的市场竞争力和品牌形象。

（二）构建智能化决策支持系统的关键能力

要实现智能化的决策支持,企业需要具备强大的数据分析和挖掘能力。这包括数据清洗和预处理能力、数据挖掘和模式识别能力以及预测和决策能力。数据清洗和预处理能力是确保数据分析准确性的基础。在供应链协同中,由于数据来源的多样性和复杂性,收集到的数据往往存在噪声、冗余和不一致性等问题。因此,需要对数据进行清洗和预处理,去除无关信息、纠正错误数据并统一数据格式,以确保后续分析的准确性和可靠性。数据挖掘和模式识别能力是发现数据价值的关键。通过运用各种数据挖掘算法和机器学习技术,企业可以从海量数据中提取出有用的信息、识别出隐藏的模式和趋势。这些信息不仅可以揭示市场的内在规律和消费者的行为模式,还可以为企业的决策提供有力的数据支持。预测和决策能力是基于数据制定科学决策的核心。通过利用统计学、运筹学以及人工智能等领域的方法和技术,企业可以根据历史数据和当前市场情况对未来的市场趋势进行预测,并制定出相应的决策方案。

（三）智能化决策支持为企业带来稳健和可持续发展

智能化的决策支持不仅可以提高企业决策的准确性和效率,还可以为企业带来更加稳健和可持续的发展。通过基于数据的决策,企业可以更加客观地评估市场机会和风险,避免主观臆断和盲目决策所带来的损失。同时,企业还可以实时地监控和评估决策的执行情况,及时发现潜在的问题并采取相应措施进行改进和优化。这将有助于企业快速适应市场变化、把握市场机遇并降低经营风险。此外,智能化的决策支持还可以促进企业内部各部门之间的协同合作和信息共享。通过物联网技术收集到的数据可以在企业内部进行共享和分析,使得各部门能够更加清晰地了解彼此的工作进度和需求。这种协同合作不仅可以提高企业的整体运营效率和市场响应速度,还可以增强企业的竞争力和创新能力。

三、强化供应链的风险管理和安全保障

(一)物联网技术实现供应链实时监控与预警

物联网技术通过实时收集和分析供应链各环节的数据,可以帮助企业实现对供应链的实时监控和预警。例如,通过在产品上安装传感器,企业可以实时获取产品的状态和位置信息,从而及时发现潜在的问题。在食品安全领域,物联网技术的应用尤为突出。它可以实现从农田到餐桌的全过程监控和追溯,确保食品的安全和质量。一旦发现问题,企业可以迅速启动应急响应机制,采取相应措施进行解决,避免风险扩大化。这种实时监控和预警机制不仅可以减少企业的损失,还可以提高企业的市场信誉和竞争力。

(二)物联网技术提升供应链数据传输与存储安全

在供应链协同过程中,数据的安全传输和存储是至关重要的。物联网技术通过采用先进的加密技术、身份验证技术等手段,可以确保数据传输和存储的安全性。同时,通过访问控制和权限管理等手段,物联网技术还可以防止未经授权的访问和操作,确保数据的完整性和保密性。此外,通过安全审计和日志分析等手段,企业可以及时发现并应对安全威胁和攻击,从而确保供应链数据的安全无虞。这些安全措施为企业建立了一个坚固的安全屏障,有效地保护了供应链数据免受外部威胁的侵害。

(三)物联网技术促进供应链合作伙伴间的紧密合作

强化供应链的风险管理和安全保障需要企业从多个层面进行考虑和实施。除了建立完善的风险管理和安全保障体系外,还需要加强与供应链各环节的监控和管理以及增强员工的安全意识和操作技能。在这方面,物联网技术也发挥着重要作用。通过物联网技术,企业可以与供应商、物流商等合作伙伴建立更加紧密和稳定的合作关系。例如,通过共享实时数据和信息,企业可以更好地了解合作伙伴的运营情况和风险状况,从而及时调整合作策略和应对措施。这种紧密合作不仅可以提高供应链的协同效率和响应速度,还可以降低合作风险和成本,为企业带来更大的竞争优势。

第二节　物联网技术提升供应链协同效率与灵活性的分析

一、实时数据共享提升决策效率

(一)物联网技术破解传统供应链信息传递难题

1. 提升决策效率

在传统供应链中,由于信息传递的滞后性,生产商往往难以准确掌握市场需求的变化。这可能导致生产计划与市场实际需求脱节,进而造成库存积压或产品缺货。而物联网技术的应用,通过在供应链各个环节部署传感器和设备,能够实时收集并传输数据。这意味着生产商可以几乎实时地了解市场需求的变化,从而及时调整生产计划,避免供需失衡。实时数据共享不仅提升了生产商的决策效率,也为物流商和销售商带来了显著的好处。物流商可以及时了解运输途中的实际情况,如车辆位置、货物状态等,从而优化运输路线和调度计划。销售商则可以根据实时库存数据和销售数据制定更加精准的营销策略,减少库存积压或缺货的风险。

2. 紧密协作应对市场变化和风险挑战

物联网技术还能够促进供应链各参与方之间的紧密协作。在传统供应链中,各部门、各企业之间往往存在着一定的隔阂和沟通障碍。这可能导致在面对市场变化或风险挑战时,供应链各节点无法快速、有效地响应。而物联网技术通过实时数据共享机制,使得供应链中的各个节点能够更加紧密地协作。生产商、物流商和销售商之间可以建立更加紧密的合作关系,共同应对市场变化和风险挑战。例如,在面对突发事件导致物流中断的情况时,物联网技术可以帮助各方实时了解物流状态,并协调资源以最快速度恢复物流通道。这种紧密协作不仅提高了供应链的灵活性和抗风险能力,也为企业带来了更大的竞争优势。

3. 物联网技术推动供应链数字化转型

从长远来看,物联网技术不仅仅是解决传统供应链中信息传递问题的工具,更是推动供应链数字化转型的重要力量。通过物联网技术收集的大量实时数据,不仅可以用于优化当前的供应链运营,还可以为企业未来的战略决策提供有力支持。数字化转型使得企业能够更加深入地了解市场需求、消费者偏好以及供应链中的潜在问题和瓶颈。基于这些数据,企业可以制定更加精准的市场策略、产品策略和供应链策略。这不仅有助于提升企业的市场竞争力,也为消费者带来了更加个性化和高质量的产品和服务体验。

(二)实时数据共享提升供应链协同决策能力

1. 优化生产计划与库存管理

在传统供应链中,生产商往往面临着一个难题:如何准确预测市场需求,从而制订既不会造成库存积压也不会导致缺货的生产计划。由于缺乏实时数据支持,这种预测往往带有很大的不确定性和风险。然而,物联网技术的引入改变了这一局面。通过实时共享销售数据,生产商可以清晰地了解到哪些产品畅销,哪些产品滞销,进而灵活调整生产计划。这种基于实时数据的生产决策方式不仅大大提高了生产计划的准确性和灵活性,还有效降低了库存成本和风险。同时,实时库存信息的共享也使得销售商能够及时了解各仓库的库存情况,避免出现某些地区库存积压而其他地区缺货的现象。销售商可以根据实时数据制定合理的补货策略和调货计划,确保产品能够及时、准确地送达消费者手中。

2. 提升物流效率与服务水平

物流作为供应链中的重要一环,其效率和服务水平直接影响到整体供应链的运营效果。物联网技术通过实时共享物流状态信息,如车辆位置、运输进度等,为物流商提供了优化运输路线和调度计划的强大工具。物流商可以根据实时交通数据选择最佳的运输路线和时间点,避开拥堵路段和高峰时段,从而大大减少运输时间和成本。这种基于实时数据的物流决策方式不仅显著提高了物流效率和服务质量,还增强了物流网络的可靠性和韧性。在面对突发事件或异常情况时,物流商能够迅速做出反应和调整,确保物流通道的畅通无阻。

3. 构建信任与合作基础

实时数据共享还在供应链各参与方之间建立了坚实的信任与合作基础。在传统供应链中，由于信息不对称和沟通不畅等问题，各方之间往往存在着一定的隔阂和不信任。这种局面不仅影响了供应链的协同效率，也增加了运营成本和风险。然而，通过共享真实、准确的数据信息，供应链各参与方能够更加透明地了解彼此的运营情况和能力水平。这种透明度不仅有助于消除误解和疑虑，还促进了各方之间的深入合作和共同发展。基于信任和合作的协同模式不仅提高了供应链的协同效率和灵活性，还为供应链的持续发展和创新提供了有力支持。

（三）物联网技术推动供应链管理模式创新

1. 供应链从线性向网络模式的转变

在物联网技术的推动下，供应链管理正逐渐从传统的线性模式向更加灵活、协同的网络模式转变。这种转变不仅体现在供应链结构的优化上，更体现在各参与方之间关系的重塑上。在传统的线性供应链中，各环节往往是顺序排列，信息流动缓慢，决策过程烦琐。而在物联网技术的支持下，供应链各环节得以实时连接，形成一个高度协同的网络。在这个网络中，生产商、物流商、销售商等不再是孤立的个体，而是紧密联系在一起的网络节点。它们通过实时共享数据、协同决策，共同应对市场变化和风险挑战。这种网络化的管理模式为供应链带来了显著的效益提升。首先，实时数据共享大大提高了决策的准确性和时效性。各参与方可以根据最新的市场信息和需求数据进行快速调整，减少库存积压和缺货现象。其次，协同决策机制使得供应链在面对突发事件时能够迅速做出反应,降低风险损失。最后,网络化的管理模式还促进了供应链各参与方之间的深度合作,共同推动供应链的优化和发展。

2. 物联网技术提升供应链韧性和抗风险能力

物联网技术不仅推动了供应链的网络化转变,还为提升供应链的韧性和抗风险能力提供了有力支持。通过实时收集和分析供应链各环节的数据,企业可以更加全面地了解供应链的运营状态和潜在风险。在面对突发事件或异常情况时,企业能够迅速做出反应,调整策略,确保供应链的稳定运行。此外,物联网技术还可以帮助企业建立更加完善的预警和应急机制。通过对历史数据和实时数据的深入分析,企业可以预测潜在的风险点,并提前制定相应的应对措施。这种基于数据的预测和决策方式大大提高了供应链的抗风险能力和韧性。

3. 物联网技术推动供应链管理的智能化和自动化

物联网技术还为供应链管理的智能化和自动化提供了有力支持。通过利用大数据、人工智能等先进技术对实时数据进行深入分析和挖掘,企业可以更加准确地预测市场需求变化、识别潜在风险并制定相应的应对策略。这种智能化的管理方式不仅可以提高企业的决策效率和准确性,还可以降低运营成本和风险水平。这种智能化的库存管理方式不仅可以减少库存积压和缺货现象的发生,还可以降低库存成本和风险水平。物联网技术在推动供应链管理模式创新方面发挥着重要作用。它不仅促进了供应链从线性向网络模式的转变,提升了供应链的韧性和抗风险能力,还推动了供应链管理的智能化和自动化进程。随着技术的不断进步和应用场景的不断拓展,我们有理由相信物联网技术将在未来的供应链管理中发挥更加核心和关键的作用。

二、智能分析与预测增强灵活性

(一)物联网技术下的数据融合与智能分析

物联网技术的广泛应用使得供应链中的各个环节都能够被有效地数字化和连接。传感器、RFID 标签、GPS 定位系统等设备在物流、仓储、生产等环节的部署,产生了海量的数据。这些数据不仅包括位置、状态、数量等基本信息,还蕴含着市场需求、消费者偏好、生产效率等深层次信息。然而,单纯的数据收集并不足以提升供应链的灵活性。真正的价值在于对这些数据进行深入的挖掘和分析。物联网技术结合大数据分析、机器学习等先进技术,能够对这些海量数据进行有效的处理,发现隐藏在其中的规律和趋势。例如,通过对消费者购买行为和偏好的分析,企业可以预测未来的市场需求变化,从而调整产品设计和生产计划;通过对生产效率和设备状态数据的监控和分析,企业可以及时发现生产过程中的问题和瓶颈,进而优化生产流程和提高生产效率。这种基于数据的智能分析和预测能力,使得企业能够更加准确地把握市场动态和客户需求变化,做出更加科学、合理的决策。这不仅能够提高企业的市场适应能力,还能够在一定程度上降低运营风险。

(二)实时预测与动态调整提升供应链响应速度

在传统供应链管理中,由于信息传递的滞后性和不透明性,企业往往难以做到实时预测和动态调整。这导致在面对市场需求变化或突发事件时,供应链的反应速度较慢,甚至可能出现断裂的情况。而物联网技术的引入则彻底改变了这一状况。通过实时数据共享和智能分析,企业可以实时掌握供应链中各个环节的状态和信息,进而对未来的市场趋势进行预测。基于这些预测结果,企业可以及时调整供应链策略,如调整生产计划、优化物流路径、调整库存策略等。这种实时预测和动态调整的能力不仅大大提高了供应链的响应速度,也使得供应链更加灵活和可靠。例如,在面对突发疫情等不可预见事件时,传统供应链可能会因为物流中断、库存不足等问题而陷入困境。而借助物联网技术的支持,企业可以实时监测物流状态和库存水平,并通过智能分析预测未来的需求变化。基于这些预测结果,企业可以及时调整供应链策略,如增加备用物流线路、调整生产计划以满足紧急需求等。这样不仅可以避免供应链断裂的风险,还能够在一定程度上减少损失并快速恢复运营。

(三)智能分析与预测助力供应链持续优化

物联网技术下的智能分析和预测还有助于企业发现供应链中的潜在问题和瓶颈。通过对供应链数据的实时监控和分析,企业可以及时发现生产、物流等环节中的异常情况,如设备故障、库存积压、订单延迟等。这些问题的及时发现和处理不仅可以避免问题扩大化对整个供应链的影响,还可以为企业的持续改进和优化提供有力支持。此外,智能分析和预测还能够帮助企业识别供应链中的潜在风险和不确定性因素。通过对市场趋势、政策变化、天气因素等外部环境的分析以及对供应链内部各环节的状态监控,企业可以更加全面地了解供应链面临的挑战和风险。这些信息的获取有助于企业提前制定风险应对策略并做好准备工作,从而确保供应链的稳定运行和持续优化。

三、促进跨部门、跨企业协同合作

(一)物联网技术促进供应链协同合作

在传统供应链中,各部门、各企业之间往往存在着严重的信息不对称和沟通障碍。由于缺乏有效的信息共享和交互机制,供应链中的各个环节难以形成紧密的衔接,导致运营效率低下、资源浪费严重。物联网技术的引入,为供应链各参与方提供了一个统一的物联网平台。通过这个平台,各方可以实现信息的实时共享和交互,加强彼此之间的沟通和协作。这种跨部门、跨企业的协同合作机制,使得供应链中的各个环节能够更加紧密地衔接在一起,共同应对市场变化和客户需求。以生产商、物流商和销售商为例,他们可以通过物联网平台实时共享销售数据、库存信息、生产计划和物流状态等关键信息。物流商可以根据实时物流状态优化运输路线和调度计划,提高物流效率;销售商则可以及时了解市场动态和客户需求变化,制订更加精准的营销策略。这种协同合作方式不仅提高了供应链的整体运营效率,还增强了供应链的竞争力和抗风险能力。

(二)物联网技术助力建立透明化供应链体系

除了促进协同合作外,物联网技术还有助于建立更加透明和可信的供应链体系。在传统供应链中,由于缺乏有效的信息监控和追溯手段,企业往往难以准确了解供应链中的各个环节和参与方的实际情况。这不仅增加了企业的运营风险,也影响了消费者的购物体验。物联网技术通过实时数据共享和智能分析预测等手段,为企业提供了对供应链全流程的监控和追溯能力。企业可以实时了解生产、物流、销售等各个环节的状态和信息,及时发现并解决问题。同时,通过对供应链数据的深入挖掘和分析,企业还可以发现隐藏在数据中的规律和趋势,为未来的决策提供有力支持。这种透明和可信的供应链体系不仅提高了企业的声誉和品牌价值,还为消费者提供了更加安全和可靠的产品和服务。消费者可以通过物联网平台查询产品的生产、流通和销售信息,了解产品的来源和质量情况。这不仅可以增强消费者对产品的信任度和购买意愿,还可以促进企业与消费者之间的良性互动和关系建立。

(三)物联网技术推动供应链持续创新与发展

物联网技术在供应链中的应用不仅限于实时信息共享和智能分析预测等方面,还可以与大数据、云计算、人工智能等先进技术相结合,推动供应链的持续创新与发展。例如,通过利用大数据技术对供应链数据进行深入挖掘和分析,企业可以发现更多的市场机会和潜在风险;通过利用云计算技术构建弹性可扩展的供应链信息系统,企业可以快速响应市场变化和客户需求;通过利用人工智能技术实现自动化决策和智能优化等功能,企业可以进一步提高供应链的协同效率和整体性能。同时,物联网技术还可以促进供应链的绿色发展和可持续发展。通过实时监控和追溯供应链中的能源消耗、排放物产生等情况,企业可以制定更加环保和可持续的生产计划和物流方案。这不仅可以降低企业的运营成本和环境风险,还可以提高企业的社会责任感和公众形象。

参考文献

[1] 王欣怡. 老旧物流园区发展现状及升级改造对策研究[J]. 物流科技,2024,47(06):20-23.

[2] 刘宸龙. 浅谈 5G 技术在现代物流中的应用[J]. 中国航务周刊,2024,(11):54-56.

[3] 王国龙. 智慧物流背景下高职现代物流管理专业教学改革研究[J]. 物流工程与管理,2023,45(02):191-193.

[4] 姜军,马耀文. 现代物流管理专业产教融合创新创业人才培养的实践和启示——以南京交院为例[J]. 商展经济,2024,(04):168-171.

[5] 杭艳伟. 现代物流经营管理策略优化研究[J]. 中国物流与采购,2024,(03):108-109.

[6] 马家伟,赵国鹏,谢肖彬等. 论物联网技术在智慧物流方面的应用[J]. 中国储运,2024,(01):186-187.

[7] 林秋雄. 基于物联网技术的智慧物流仓储管理研究[J]. 物流工程与管理,2023,45(09):69-71.

[8] 李晓睿,邢春玉. 物联网技术在智慧物流领域的应用研究[J]. 物流科技,2023,46(14):53-56.

[9] 陈琳,贺峪原. 物联网技术在军事物流中的应用研究[J]. 铁路采购与物流,2023,18(06):50-52.

[10] 张永佳. 食品冷链物流管理中物联网技术的应用[J]. 物流科

技,2023,46(08):132-135.

[11]吕阳,于沂仟.物联网技术在智慧港口中的应用初探[J].中国航务周刊,2023,(16):45-47.

[12]孙杨.物联网技术在智慧物流领域的应用[J].无线互联科技,2022,19(20):36-38.

[13]梁潇.物联网技术在物流领域中的应用与创新策略探讨[J].中国物流与采购,2022,(14):119-120.

[14]陈卓慧,唐本平,刘翠翠.物联网技术在物流园区的应用系统设计——以广州保税物流园区为例[J].现代商贸工业,2022,43(13):167-169.

[15]刘朝玲,汤洪宇.基于物联网技术的智能物流仓储实验系统开发研究[J].中国航务周刊,2022,(19):52-54.

[16]唐佳.基于BIM和物联网技术在装配式建筑物料调度优化问题研究[J].中国储运,2022,(02):92.

[17]张铧文.物联网技术在仓储物流领域的应用研究[J].中国新通信,2022,24(01):77-78.

[18]陈思,杨颜君.基于物联网技术的智慧物流管理研究[J].信息与电脑(理论版),2021,33(20):217-220.

[19]舒洁.浅谈物联网技术在智慧物流方面的应用[J].农村经济与科技,2021,32(18):116-118.

[20]邢文艳.探究物联网技术下的物流经济管理[J].中国商论,2021,(19):82-84.

[21]万航,余建海.基于物联网技术的智能物流供应链管理研究[J].科技视界,2021,(17):196-198.

[22]杨文科.浅谈物联网技术下的现代物流信息管理系统[J].商场现代化,2020,(24):40-42.

[23]尚贤霞.浅析物联网背景下的现代物流与供应链管理[J].全国流通经济,2020,(21):20-21.

[24]蔡彦铭.物联网技术在现代物流管理中的应用分析[J].现代营销(经营版),2020,(04):82-83.

[25]杨武,李军,杨芳芳.基于物联网技术的智慧物流在高速公路服务区的应用[J].交通企业管理,2020,35(02):72-74.

[26]刘星.基于创新驱动的物流产业现代化推进探讨[J].商业经济研究,2024,(04):103-105.

[27]刘龙和.基于物联网和人工智能的现代物流仓储应用技术研究[J].中国物流与采购,2024,(04):108-109.

[28]肖伟.智能物流包装在现代物流中的发展研究[J].中国包装,2024,44(01):16-18.

[29]王漠寻.浅析物流工程管理中物联网的应用[J].中国储运,2023,(10):172-173.

[30]艾合塔木江·艾克热木.智慧化时代现代物流企业的数字化升级与转型[J].中国航务周刊,2023,(29):55-57.